有色金属高质量发展系列丛书

中国铜工业
高质量发展研究

High-Quality Development of China's Copper Industry

中国有色金属工业协会　编著

北　京
冶 金 工 业 出 版 社
2025

内容提要

本书回顾了中国铜工业发展的现状以及产业规模、产业结构、装备技术等方面取得的成绩；分析了中国铜资源保障、下游冶炼行业等面临的问题与挑战，将中国铜工业与全球典型铜工业大国和强国的发展格局、路径、典型特点等情况进行了对比，分析了建设中国铜工业强国面临的形势，探究中国铜工业发展的趋势和战略路径。在当前的国际形势和经济格局下，本书为中国铜产业的结构性改革、加快推进铜产业强国建设提出了意见和建议。

本书适合铜行业相关的政府部门、科研机构、生产企业、贸易公司等相关从业人员阅读参考。

图书在版编目（CIP）数据

中国铜工业高质量发展研究 / 中国有色金属工业协会编著. -- 北京 ：冶金工业出版社，2025. 10. --（有色金属高质量发展系列丛书）. -- ISBN 978-7-5240-0350-2

Ⅰ. F426. 32

中国国家版本馆 CIP 数据核字第 20256FD169 号

中国铜工业高质量发展研究

出版发行 冶金工业出版社　**电　　话**（010）64027926
地　　址 北京市东城区嵩祝院北巷 39 号　**邮　　编** 100009
网　　址 www. mip1953. com　**电子信箱** service@ mip1953. com

责任编辑 宋 丹 刘 博　美术编辑 彭子赫　版式设计 郑小利
责任校对 葛新霞　责任印制 禹 蕊
北京捷迅佳彩印刷有限公司印刷
2025 年 10 月第 1 版，2025 年 10 月第 1 次印刷
787mm×1092mm 1/16；16 印张；169 千字；235 页
定价 218. 00 元

投稿电话 （010）64027932　投稿信箱 tougao@cnmip. com. cn
营销中心电话 （010）64044283
冶金工业出版社天猫旗舰店 yjgycbs. tmall. com
（本书如有印装质量问题，本社营销中心负责退换）

《中国铜工业高质量发展研究》
编辑委员会

《中国铜工业高质量发展研究》课题研究组

组　　长　段绍甫

副 组 长　张　楠　贾　雲　周遵波

指导组成员　张洪国　赵武壮　徐爱华　杨长华　赵振军　王中奎　靳海明

编写组成员（按姓氏笔画排序）

丁晨芳　马　骏　王　京　王　艳　王晓旭　丘永兴　刘若曦　李子阳　李志梅　李耀泉　何　坤　何笑辉　邹建成　张美涓　张静洲　卓可敏　周安梁　赵　鹏　赵冬伟　胡海斌　夏　丛　夏　榀　徐　娟　高运孝　郭　宁　郭赞赞　彭继伟　蒋贝宁　简椿林　詹　佩　潘康垒

序

当今世界正经历百年未有之大变局，全球产业链重构、绿色低碳转型与科技革命浪潮相互激荡。作为国民经济基础性、战略性产业的中国铜工业，既肩负着支撑国家现代化建设的使命，也面临着资源约束、环境压力与产业升级的多重挑战。在此背景下，《中国铜工业高质量发展研究》一书的问世恰逢其时。作为中国有色金属工业发展的见证者与参与者，我深感欣慰，并愿借此序言与行业同仁共论铜工业高质量发展之道。

纵观我国铜工业发展历程，从新中国成立初期年产不足万吨的薄弱基础，到2023年精炼铜产量连续多年居全球首位，铜加工材产量约占世界总产量的58.6%，我们创造了举世瞩目的“中国速度”。特别是在“十四五”期间，取得了一系列重大成就：第一，我国作为全球第一大铜工业国的地位进一步巩固，成为推动世界铜工业发展的重要力量；第二，产业转型升级取得显著成效，集中度不断提高，布局持续优化；第三，技术创新取得重大突破，关键技术得到攻克，综合利用水平不断提升；第四，国际产能合作成果丰硕，显著增强了我国铜产业链供应链的保障和发展能力；第五，绿色低碳与智能化发展成效突出，绿色理念深入人心，单位能耗指标大幅改善，综合利用水平持续提升。

这些成就的取得，离不开几代铜业人的艰苦奋斗和接力传承，更彰显了中国特色社会主义制度的显著优势。然而，我们仍需清醒认识到，铜工业发展仍面临着资源支撑不足、冶炼产能扩张过快和产业链利益分布不均等问题，亟须通过深化铜产业链供给侧结构性改革等措施加以解决。全面推进高质量发展，既是突破当前瓶颈的必由之路，更是把握新一轮产业变革机遇的战略选择。

本书以全局视角系统梳理中国铜工业的发展脉络，聚焦"双碳"目标下的产业转型升级，深入剖析资源保障、技术创新、循环经济、提升下游环节盈利水平等关键环节。书中既有对铜矿资源全球化配置的前瞻性研判，也有对中国铜冶炼加工集群化发展、提升创新能力的攻坚路径探讨；既阐释数字化、智能化对传统生产模式的革新价值，也论证了绿色发展体系构建对行业可持续发展的战略意义；同时通过系统比较全球主要铜工业强国的资源禀赋、技术创新、贸易体系、金融支持等方面的竞争优势，提炼出可借鉴的铜工业强国和大国发展经验，为中国铜工业高质量发展提供了有益参考。尤为可贵的是，编写团队立足中国国情，创新性地提出了"创新驱动+产业协同+资源保障+绿色低碳发展"四位一体的高质量发展思路和"统筹谋划，科学发展；深化改革，提升效益；底线思维，安全发展；清洁低碳，绿色发展"的高质量发展基本原则，并制定了三步走的高质量发展目标，为国家政策制定、企业战略调整提供了切实可行的理论框架。

作为行业协会，我们始终坚信中国铜工业的高质量发展需要全行业凝聚共识、协同发力。一方面，要扎实推进新一轮找矿行动，增加可开发铜资源储量；新建一批大中型铜矿山，提升供应能力；加强铜矿伴生资源评价，提高利用效率；培育规范、竞争力强的废铜加工企业和利用含铜资源的铜冶炼企业，提高循环利用水平，将资源“饭碗”牢牢端在自己手中。另一方面，需深化产学研用协同创新机制，提升下游环节盈利水平，在集成电路等重点领域用高性能铜合金材等战略领域实现突破，助力新能源、电子信息等战略性新兴产业腾飞。更为重要的是，要以全球视野谋划产业布局，通过共建绿色供应链、参与国际标准制定，提升我国在全球铜产业链中的话语权。

本书的出版汇聚了行业专家、学者与企业家的集体智慧，既是对过往经验的系统总结，更是对未来发展的战略谋划。期待广大行业从业者、政策研究者能从书中汲取养分，共同谱写中国铜工业高质量发展的新篇章。让我们以“功成不必在我”的胸怀与“功成必定有我”的担当，推动中国从“铜业大国”向“铜业强国”迈进，为全面建设社会主义现代化国家贡献“铜”力量！

葛红林

2025 年春于北京

前　言

铜作为重要的战略性矿产资源，是国民经济和社会发展的基础原材料，广泛应用于电力、电子信息、装备制造、交通运输、建筑、家用电器等各个领域。同时，铜也是新能源、动力电池、储能电池、新一代电子信息、国防军工等领域重要的基础原材料。

党的十八大以来，中国铜工业持续发展，产业规模不断扩大，结构不断优化，技术装备水平不断提升，取得了有目共睹的辉煌成绩。同时，我们也清醒地认识到，资源保障能力不足、冶炼产能扩张过快、利益分配过于集中在上游，依旧是困扰铜工业发展的主要痛点，深化铜产业链供给侧结构性改革任务仍然十分迫切。

中国是世界第一大铜生产、消费和贸易国。2023 年，中国阴极铜产量 1299 万吨，占全球总产量的 48%；铜加工材产量 2216 万吨，占全球总产量的 58.6%；铜工业头部企业基本具有完整的产业链。但受国内铜资源禀赋条件的约束，在多年蓬勃发展的过程中，中国铜原料对外依存度长期居高不下，2023 年对外依存度突破 80%，且随着未来冶炼产能进一步扩张，原料供需矛盾问题更加突出。同时，中国铜工业冶炼和加工端产能的快速扩张和内卷式竞争严重阻碍着中国铜工业的健康发展。

党的二十大报告明确指出，“中国共产党的中心任务就是团结带领全国各族人民全面建成社会主义现代化强国、实现第二个百年奋斗目标，以中国式现代化全面推进中华民族伟大复兴”。建设有色金属工业强国是全面实现社会主义现代化的必然要求。中国有色金属工业协会肩负着全面建设铜工业强国的责任和重要使命，中国铜工业企业充当着百年变局关键时期铜工业高质量发展的基石角色。我们要深刻理解高质量发展对全面建设社会主义现代化国家的意义，以更加强大的动力向中华民族第二个百年奋斗目标迈进，全面推进中华民族伟大复兴。

为此，中国有色金属工业协会联合国内骨干铜企业共同开展“中国铜工业高质量发展研究”工作，就提升资源保障能力、优化供应链结构、提升下游环节盈利水平、实现铜工业“双碳”目标等相关内容开展研究，通过全面梳理分析，对标典型大国的显著特征，发现差距，探索中国铜工业高质量发展新路径。加强国家有关部门、行业企业对中国铜工业发展痛点问题的深刻认识，正确引导铜工业跳出结构性失衡陷阱，加速推动铜工业高质量发展。同时为资源保障、价值链体现、“双碳”指引等多方面的政策制定和发展规划提供重要参考依据，助力多方深刻领悟铜工业发展过程中的使命与责任。

为确保内容的权威性与可靠性，本书数据主要来源于以下渠道：官方公开数据包括国家统计局、自然资源部、中国地质调查局、美国地质调查局等发布的统计年鉴、公报及报告；行业机构数据包括中国有色金属工业协会、国际铜研究小组等机构的公开数据；实地调研包括课题组于 2023 年 10 月至 2024 年 12 月对国内主要重点铜企业进行实地考察，获取一手信息和数据；国内外核心期刊论文、学术专著详见参考文献；其他数据通过专家访谈、问卷调查获取，已进行匿名化处理。

本书所采用数据大部分截止日期为2023年12月31日。部分动态数据（如储量）可能因时效性存在一定局限，建议读者结合最新公开信息参考使用。

由于本书涉及的基础资源面广、数据量大、来源多样，归纳整理和分析研究难度较大，书中恐有疏漏和不当之处，敬请读者批评指正。书中观点仅代表编者立场，不代表任何机构官方意见。因数据更新、政策调整等导致的结论变化，编者不承担相关责任。

编　者

2025年5月

目　录

第一章
世界铜工业现状及未来发展趋势

铜作为现代工业的“金属基石”，其供需格局与技术创新深刻影响着全球经济发展。本章系统梳理全球铜工业的全貌，从资源禀赋、冶炼加工、再生利用、消费结构及产业发展趋势五个维度展开，通过多维度联动分析，为理解中国铜工业的全球定位提供宏观参照。

一、世界铜矿资源分布及开发进展

本节聚焦世界铜矿资源的禀赋特征与开发动态，通过梳理世界铜矿资源特点、铜储量分布的地缘格局，揭示南美洲、非洲等资源富集区的战略地位；通过分析当前铜矿开发、技术升级与环保挑战，预判铜矿开发的未来趋势。

（一）世界铜储量及分布

世界铜矿资源丰富。根据美国地质调查局（USGS）2024年1月发布的数据，截至2023年年底，全球铜矿资源储量约为10亿吨，主要分布在智利（18.9%）、秘鲁（11.9%）、澳大利亚（9.9%）、俄罗斯（8.0%）和刚果（金）（7.9%）等国，中国占4.1%，排在第八位（见图1-1）。世界前五位国家铜矿资源储量之和约占全球总储量的57%。

（二）世界铜矿床类型及特点

世界铜矿床主要类型包括斑岩型、砂页岩型、火山成因块状硫化物型（VMS）、铜镍硫化物型、铁氧化物铜金型（IOCG）、自然铜型、脉型、碳酸岩型和矽卡岩型。其中前四类最为重

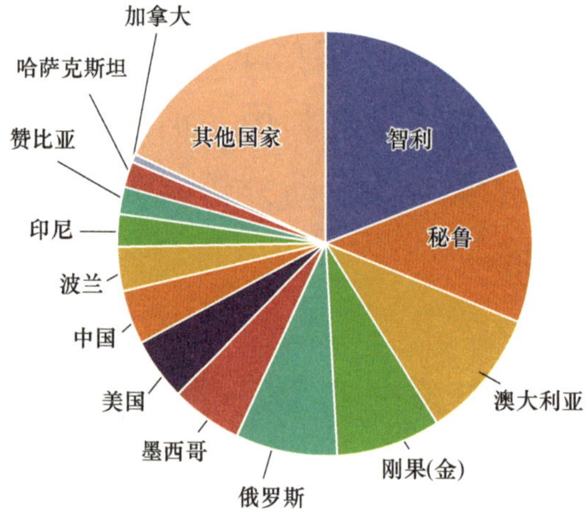

图 1-1　2023 年世界主要国家铜储量占比示意图

（数据来源：USGS）

要，合计占全球铜总储量的 96%。斑岩型和砂页岩型，拥有铜金属储量最多，约占全球铜金属总储量的 85%（见图 1-2）。

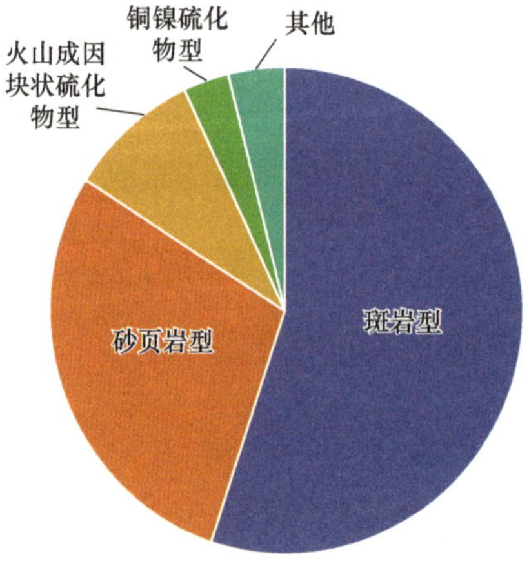

图 1-2　世界铜矿床类型储量占比图

（数据来源：有色金属矿产地质调查中心）

1. 斑岩型铜矿床

斑岩型铜矿床主要产于中—新生代火山岩带，与中—酸性次火山岩或浅成岩岩体密切相关。全球斑岩铜矿可划分为三大成矿带。

（1）环太平洋成矿带：为中、新生代成矿期。环太平洋成矿带上斑岩型铜矿的资源占该类型资源总量的90%以上，占世界铜矿资源的60%左右。环太平洋成矿带上重要的成矿区有四个：秘鲁—智利成矿区、美国—墨西哥成矿区、加拿大成矿区、菲律宾—新几内亚岛成矿区。

（2）地中海—亚洲成矿带：西起巴尔干半岛，往东经罗马尼亚、保加利亚、伊朗、巴基斯坦，呈东西延伸，到中国的藏东、滇西转向北、西北。斑岩型铜矿产于中新代褶皱带中，成矿时代为三叠纪至第三纪。

（3）哈萨克斯坦—蒙古成矿带：西起哈萨克斯坦，往东经蒙古，到中国东北。斑岩型铜矿主要产于古生代褶皱带，成矿时代以石炭—二叠纪为主。

全球最大斑岩型铜矿为智利的埃斯康迪达（Escondida）铜矿，其矿石开采量居世界首位。另外，秘鲁南部的古新世斑岩型铜矿成矿带也是重要的斑岩型铜矿集中区，拥有多个超大型斑岩型铜矿床，如塞罗维德（Cerro Verde）、托克帕拉（Toquepala）和夸霍内（Cuajone）等，这些矿床的铜资源量也非常可观，显示了斑岩型铜矿在全球范围内的丰富性和重要性。

2. 砂页岩型铜矿床

砂页岩型铜矿床是世界铜矿床的重要类型之一，其储量约占全球铜储量的30%，仅次于斑岩型铜矿床。最大的砂页岩型成矿带是非洲铜矿带，其次是俄罗斯的乌多坎（Udokan）铜矿区，以及美国的怀特派恩（White Pine）铜矿区。

就非洲地区而言，砂页岩型铜矿床是非洲最重要的铜矿床类型，主要分布在斜穿刚果（金）和赞比亚两国的中非铜钴矿带内，赋存于陆源碎屑—碳酸盐岩建造中，铜矿体赋存于砂页岩中。这类矿床一般规模大、品位高，除铜、钴矿物外，共（伴）生铀、镉、锗、锌、镍、钼、银、金等有用元素。矿体主要呈层状、脉状、透镜状，层控特征明显。矿石矿物主要为黄铁矿、黄铜矿、斑铜矿、辉铜矿、硫铜钴矿、含钴黄铁矿和锗矿物等。

波兰卢宾—格沃古夫（Legnica-Glogow）铜矿、刚果（金）卡莫阿—卡库拉（Kamoa-Kakula）铜矿、阿富汗艾纳克（Aynak）铜矿都属于大型的沉积型砂页岩型铜矿。中国东川铜矿也是著名的沉积型砂页岩型铜矿。

3. 火山成因块状硫化物型铜矿床

火山成因块状硫化物矿产多产于优地槽褶皱带。这类矿床主要成矿时代是古生代，其次是前寒武纪和中新生代。其中，古生代矿床主要分布在俄罗斯乌拉尔、美国和加拿大西部、日本、澳大利亚、西班牙、挪威等地的古生代优地槽褶皱带；前寒武纪矿床主要分布在加拿大中部、北非、南非、瑞典、芬兰等地的地盾和地台区，呈带状产于地槽早期火山沉积变质成因的绿岩系内；中、新生代矿床主要分布在太平洋和地中海地区年轻的褶皱带上，前者主要有北美西海岸、日本、菲律宾等地中、新生代火山岩带中的矿床，后者有俄罗斯与格鲁吉亚交界的高加索地区、伊朗、土耳其、保加利亚、原南斯拉夫、意大利等地中、新生代褶皱带中的矿床。

此类矿床规模以中小型为主，少数为大型，多数矿石含铜量大于 1%，常含不等量的钴、锌、铅、金、银等伴生有用组分，可综合回收。波兰的凯戈汉姆（KGHM Polska Miedź S. A.）是世界著名的火山岩型铜矿床，以产铜和银为主。

4. 铜镍硫化物型铜矿床

铜镍硫化物型铜矿床主要产于地台和地盾区深断裂带，成因上与分异良好的镁铁质超基性岩岩体有关。含矿岩体常呈岩床、岩盆状产出。此类矿床主要分布在加拿大、俄罗斯、澳大利亚、中国、南非、美国等地。矿石中主要金属矿物是黄铜矿、镍黄铁矿、磁黄铁矿等。矿石为块状或浸染状构造。此类矿床以中小型为主，大型为少数，含镍、钴、铂族金属等伴生有用组分。

5. 矽卡岩型铜矿床

矽卡岩型铜矿床通常分布于特定层位的沉积地层中，矿体常呈层状或似层状，受地层层位控制明显。矿石中主要矿物有黄铜矿、黄铁矿、磁黄铁矿及矽卡岩矿物（辉石、符山石、方柱石、硅灰石等）和富镁的铝硅酸盐矿物（镁橄榄石、透辉石、尖晶石、金云母、硅镁石类、硼镁铁矿等）。矿床规模以中小型为主，含铜不均匀，局部含铜较富。此类矿床在世界资源中所占的比重不大，主要分布于日本、中国、俄罗斯等国家。

中国的长江中下游地区是重要的铜金多金属成矿带，分布有大量层控矽卡岩型矿床，其中安徽铜陵冬瓜山铜矿床是长江中下游地区典型的层控矽卡岩型铜矿床之一。江西城门山铜矿床位于长江中下游成矿带，是该地区重要的铜矿床之一。

（三）世界铜矿开发现状及未来趋势

近十年来，世界铜矿产量整体保持增长。根据北京安泰科信息股份有限公司（以下简称“安泰科”）统计，2014—2023年，世界铜矿产量年平均增速为2.2%，特别是近五年来，铜矿年产量增幅达到了8.18%。

世界铜矿产量集中度高，主要集中在美洲和非洲。其中，2023年智利和秘鲁两国铜矿产量合计约占全球总产量的36%。智利为世界铜矿产量第一大国。2023年，智利铜矿产量（金属量）约为525万吨，占全球总产量的23.5%。近几年，秘鲁铜矿产量增长较快，特别是随着优质矿山特罗莫克（Toromocho）和拉斯邦巴斯（Las Bambas）先后投产，产量一直保持稳定增长。从2016年开始，秘鲁成为全球铜矿第二大生产国，2023年秘鲁铜矿产量占全球总产量的12.3%（见图1-3）。随着铜钴矿开发利用技术的突破和以中资企业为首的投资逐步显现成果，刚果（金）铜矿产量迅速增加，2021年已经成为世界第三铜矿生产国。2023年，刚果（金）铜矿产量占全球总产量的12.2%。

1. 世界铜矿开发现状

据国际铜研究小组（ICSG）数据，2023年世界矿山铜（包括铜精矿和湿法铜）产量达到2236万吨，近十年铜矿产量复合增长率为2.2%。

世界矿山铜生产相对集中，主要分布在智利、秘鲁、刚果（金）、中国、美国、俄罗斯和印尼等国家。2023年铜矿产量前

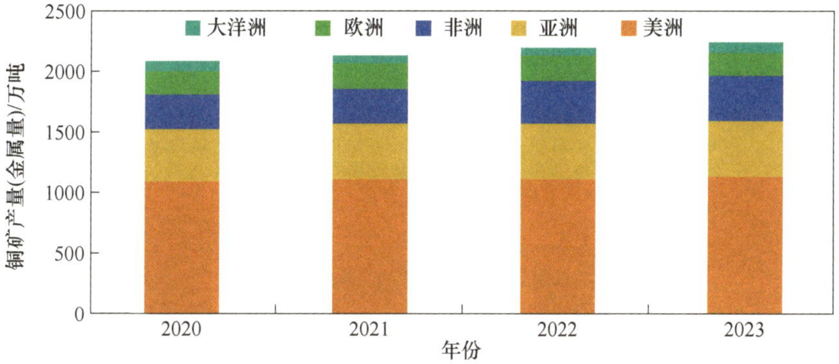

图 1-3　世界分地区铜矿产量统计图

（数据来源：国际铜研究小组（ICSG）、安泰科）

十位的国家合计产量占全球总产量的 79%，其中智利产量最高，占比高达 23.5%，其次是秘鲁和刚果（金），分别占 12.3%和 12.2%。

2020—2023 年，铜矿产量的增量主要来自非洲和亚洲。2023 年，非洲铜矿的铜产量达 366.3 万吨，其中增长的铜矿多为湿法铜，主要来自洛阳钼业的 TFM 和 KFM 铜矿；亚洲铜矿产量达 463.3 万吨，其增量主要来自印度尼西亚格拉斯伯格（Grasberg）和中国巨龙铜矿、玉龙铜矿等新增扩建项目的产量释放。

2. 世界铜精矿贸易流向

2023 年，世界铜精矿进口总量为 1056.7 万吨（含铜量，下同），世界铜精矿进口量前十位国家合计进口量为 1015.1 万吨，占世界进口总量的 96.1%（见图 1-4）。世界最大的铜精矿进口地区在亚洲，主要包括中国、日本、韩国、印度等国家，四国合计进口铜精矿 887.8 万吨，占世界进口总量的 84.0%，其中，中国铜精矿进口量占比高达 65.3%。除亚洲之外，其他铜精矿进口国大都是欧美主要铜消费的国家，如西班牙、德国等，但整体进口量不大。

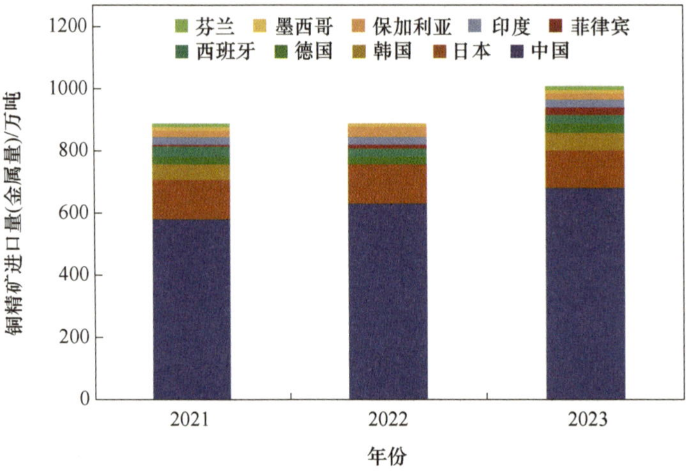

图 1-4　世界主要国家（地区）铜精矿进口量统计图

（数据来源：世界金属统计局（WBMS））

2023 年，世界铜精矿出口总量为 1068.1 万吨，其中出口量前十位的国家合计出口铜精矿 916.9 万吨，占世界出口总量的 85.8%。凭借铜资源优势，智利、秘鲁长期以来占据世界出口量前两位，2023 年智利、秘鲁合计出口量占世界总量的 51.2%（见图 1-5）。其中，智利 2023 年出口铜精矿 295.5 万吨，占世界铜精矿总出口量的 27.7%；其次是秘鲁，2023 年出口量 251.8 万吨，占世界铜精矿总出口量的 23.6%。

综合来看，全球铜精矿贸易流向主要从美洲、大洋洲国家流向亚洲和欧洲等国家，未来还将继续维持这种贸易格局。

3. 世界铜矿开发趋势

据世界金属统计局、安泰科统计资料，2024—2025 年，世界主要在建、扩建铜矿项目达 43 个，合计增加产能 366.7 万吨/年

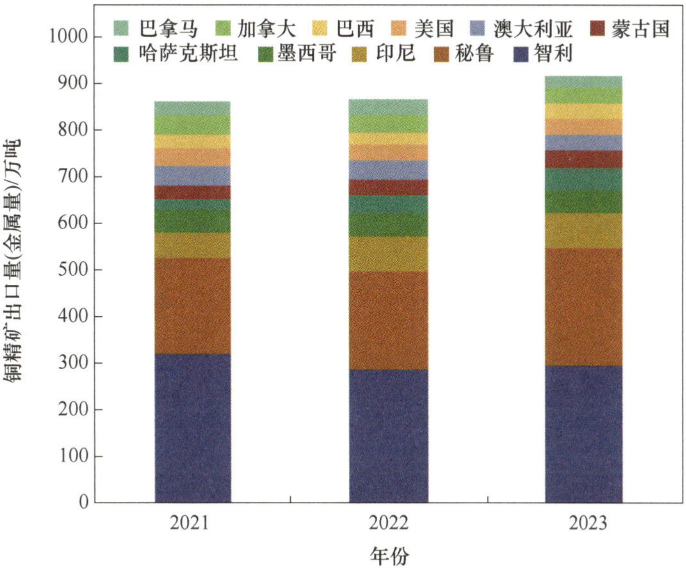

图 1-5　世界主要国家（地区）铜精矿出口量统计图
（数据来源：WBMS）

（见图 1-6）。智利、刚果（金）和俄罗斯的在建铜矿产能增加较多，其次是秘鲁、中国、蒙古、赞比亚、厄瓜多尔等国家。智利和秘鲁仍是世界铜矿最主要供应国，未来几年在建产能也排名靠前，南美洲未来的铜矿供应量仍有提升空间。非洲地区近年来已经成为全球第二大铜矿供应地，后期随着新产能不断投产，铜矿产量将保持较高的增长速度。

根据安泰科统计，预计 2025 年全球铜矿产量将达到 2360. 0 万吨，未来仍保持 2%~3%的年均增长率（见图 1-7）。

4. 世界铜资源掌控格局

（1）世界铜矿集中度和垄断程度高。

从 2023 年世界前十大铜矿公司的铜权益产量来看，世界前十大矿业公司铜矿产量约占全球总产量的 47%（见图 1-8），主

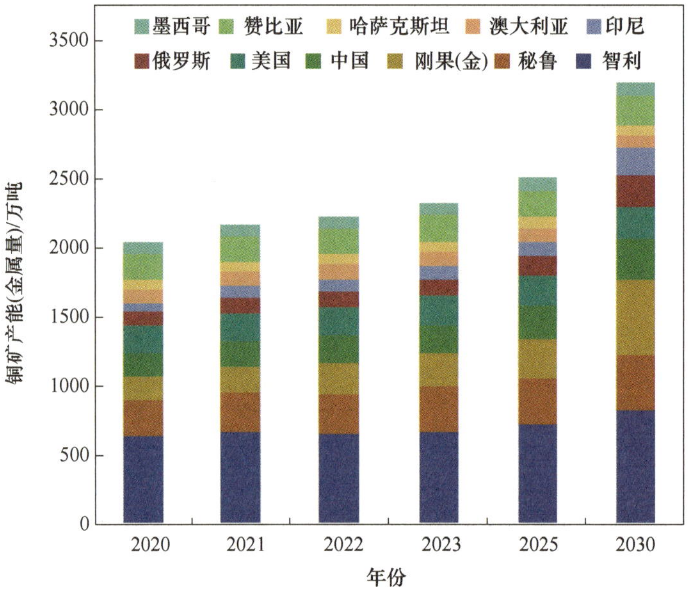

图 1-6　世界主要国家铜矿产能变化图

（数据来源：ICSG、WBMS、安泰科）

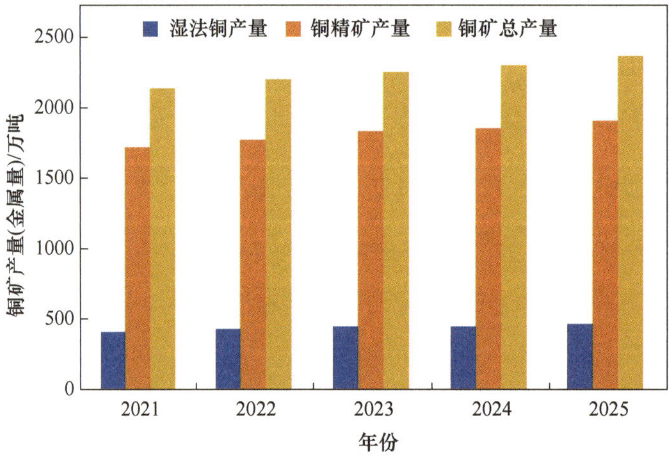

图 1-7　世界铜矿产量及预测图

（数据来源：湿法铜产量数据源自 ICSG，铜精矿预测数据源自安泰科）

要有智利国家铜业公司（Codelco）、嘉能可（Glencore）、必和必拓（BHP）、自由港麦克莫兰（Freeport-McMoRan）和日本财团。智利国家铜业公司拥有全球产量排名第 10 的埃尔特尼恩特（El Teniente）铜矿和排名第 12 的丘基卡马塔（Chuquicamata）铜矿，以及排名第 16 的洛斯布龙塞斯（Los Bronces）铜矿 20%的权益。嘉能可拥有全球产量排名第 3 的科亚瓦西（Collahuasi）铜矿 44%的权益和排名第 7 的安塔米纳（Antamina）铜矿 33.75%的权益。必和必拓拥有全球最大铜矿埃斯康迪达（Escondida）铜矿 57.5%的权益、排名第 7 的安塔米纳（Antamina）铜矿 33.75%的权益和排名第 20 的斯潘赛（Spence）铜矿。自由港麦克莫兰拥有全球产量排名第 2 的格拉斯伯格（Grasberg）铜矿 48.8%的权益、排名第 4 的莫雷西（Morenci）铜矿 72%的权益和排名第 6 的塞罗贝尔德（Cerro Verde Ⅱ）铜矿 53.56%的权益（见表 1-1）。

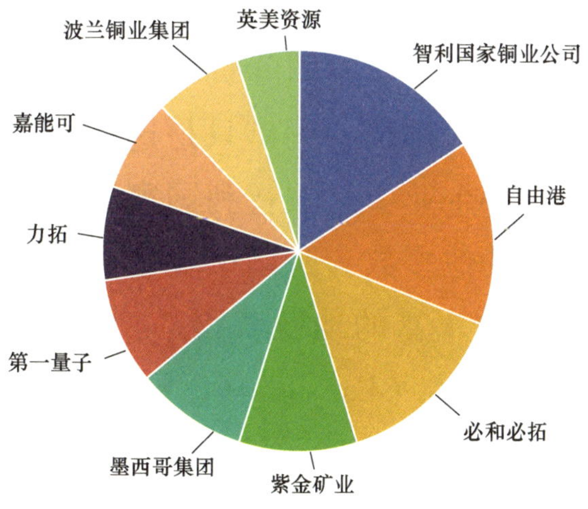

图 1-8　2023 年世界前十铜矿公司权益产量占比统计图
（数据来源：公司年报、网络公开资料、安泰科）

表 1-1　2023 年世界前十铜矿公司权益资源量统计

排名	公司名称	总部所在地	权益资源量（金属量）/万吨
1	必和必拓	澳大利亚	18169
2	智利国家铜业	智利	14941
3	嘉能可	瑞士	9901.3
4	紫金矿业	中国	7456
5	自由港麦克莫兰	美国	7240
6	力拓	英国	6063.8
7	英美资源	英国	5921
8	墨西哥集团	墨西哥	4403.6
9	波兰铜业集团	波兰	4000
10	第一量子	加拿大	2172

数据来源：公司年度报告。

从世界矿山的所有权归属可以明显看出，欧美国家对于铜矿资源的控制程度高于亚洲国家。

（2）世界矿业巨头对铜矿资源掌控力强。

从 20 世纪 70 年代开始，国际资本逐步进入资源国，欧美大型集团开始控股各大矿山，铜矿只是这些跨国集团资本渗透的冰山一角。在这些企业中，除智利国家铜业公司主要依托本国铜矿资源以外，其他多数为跨国矿业集团通过收购或兼并等方式在各地铜矿资源丰富的地区获得矿产资源所有权。例如，世界最大的埃斯康迪达（Escondida）铜矿由必和必拓、力拓和日本财团共同控制，第三大铜矿科亚瓦西（Collahuasi）由英美资源、嘉能可、三井物产和住友控股共同控制，排名第 7 的安塔米纳（Antamina）铜矿由必和必拓、泰克资源（Teck Resources）、嘉能可（Glencore）、三菱集团共同控制。

值得注意的是，在世界前十大铜矿里，日本财阀参股5座，分别是排名第1的埃斯孔迪达（Escondida）铜矿、排名第3的科亚瓦西（Collahuasi）铜矿、排名第4的莫伦奇（Morenci）铜矿、排名第6的塞罗贝尔德（Cerro Verde）铜矿和排名第7的安塔米纳（Antamina）铜矿。

日本在第二次世界大战后开启了“渗透”式的全球资源再分配战略。政府通过政治、外交等不同手段支持和促进在海外建立矿产资源供应基地。如前期风险程度最高的勘查工作，经费全部由日本政府承担，后续钻探和勘探工程则实施政府补贴制度。

二、世界粗铜、精炼铜生产现状及未来发展趋势

本节解析世界铜冶炼产业的发展态势：基于2000年以来产能产量数据，分析主要冶炼国家的产能分布变化；探讨火法冶炼、湿法提铜等技术升级对产业格局的影响；对铜冶炼的未来发展进行了预测。

（一）世界粗铜、精炼铜产能产量变化

21世纪以来，世界新增的铜冶炼产能主要集中于亚洲地区。其中，中国的粗铜和精炼铜产量在全球占据主导地位。近年来，随着冶炼技术的提升、环保要求的提高，以及资源国本土化进程的加快，除中国外，世界铜冶炼产能也呈现增长态势。

1. 世界粗铜生产情况

21世纪以来，世界粗铜年产能、产量均保持稳定增长。粗

铜产能从 2000 年的不到 1400 万吨/年发展到 2023 年的接近 2500 万吨/年，累计增长约 1100 万吨/年，年均增速约为 2.6%（见图 1-9）。世界粗铜产量从 2000 年的 1036.6 万吨发展到 2023 年的 1906 万吨，年均增长率在 2.7%左右。

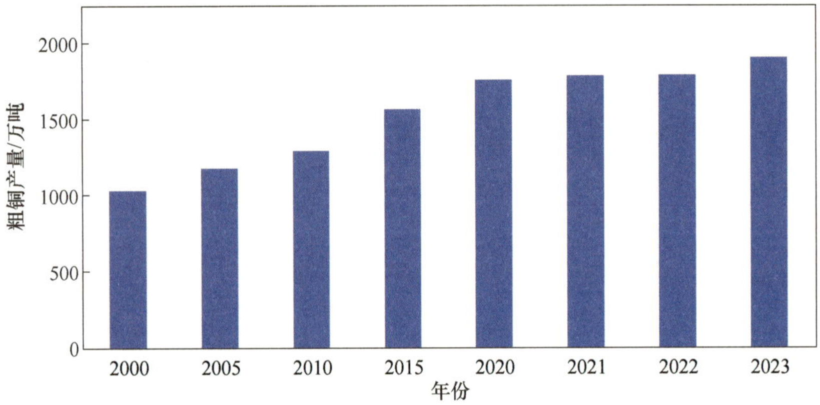

图 1-9　2000—2023 年世界粗铜产量变化图

（数据来源：ICSG，粗铜产量为原生粗铜产量）

2. 世界精炼铜生产情况

21 世纪以来，随着经济的不断发展，世界对精炼铜的需求量不断上涨，精炼铜产能规模也在不断扩大。世界精炼铜产能由 2000 年的不到 1700 万吨/年增长至 2023 年的 3400 万吨/年以上，年均增速约为 3.1%。世界精炼铜产量从 2000 年的 1479.6 万吨增长到 2023 年的 2654.7 万吨，年均增速约为 2.6%（见图 1-10）。

（二）世界粗铜、精炼铜主要生产国分布

1. 世界粗铜主要生产国分布

世界粗铜生产主要集中在创造业较为发达的国家和地区，

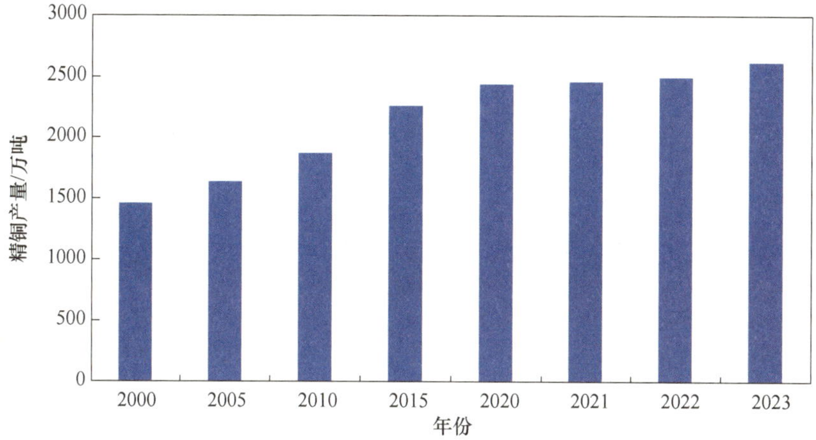

图 1-10　2000—2023 年世界精炼铜产量变化图
（数据来源：ICSG）

这些国家和地区对铜的需求量大，从而带动本国铜冶炼产能产量不断上升，如中国、日本、俄罗斯、韩国和德国等。其中，中国制造业发达且人口众多，铜消耗量大，铜产量居世界首位。2023 年，中国粗铜产量约为 839.7 万吨，占全球总产量的 44.06%。日本、俄罗斯、韩国、德国等工业发达国家，粗铜产量均较高，2023 年占全球比重分别为 6.3%、4.3%、2.8%、1.7%。部分国家因自身矿产资源丰富，其冶炼产业较为发达，如智利、赞比亚、波兰和澳大利亚等国，2023 年粗铜产量占全球比重分别为 5.6%、3.4%、2.4%、2.1%。全球粗铜产量排名前十的国家 2023 年总产量为 1413.1 万吨，占全球产量的 74.1%，生产集中度较高（见图 1-11）。

2. 世界精炼铜主要生产国分布

按安泰科调整后的 ICSG 数据，2023 年世界精炼铜产量为 2654.7 万吨，较上年增长 4.90%。在世界精炼铜产量分布中，

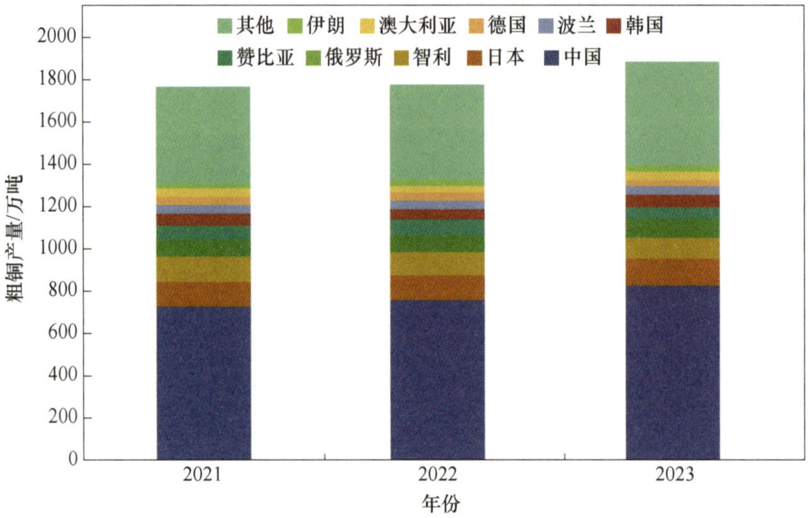

图 1-11 世界主要国家粗铜产量统计图

（数据来源：ICSG、安泰科）

（粗铜产量为原生粗铜产量，中国粗铜产量经安泰科调整，全球产量未做调整）

多数为本身粗铜产量较高的国家，如中国、智利、日本、俄罗斯等（见图 1-12）。其中，2023 年中国的精炼铜产量为 1299 万吨，在世界占比为 48.9%。智利、日本、俄罗斯的精炼铜产量分别为 207.6 万吨、149.4 万吨、99.3 万吨，占世界比重分别为 7.8%、5.6%、3.7%。也有一部分国家和地区，其湿法炼铜产量较高且精炼铜产量也位居世界前列，如刚果（金）2023 年精炼铜产量为 221 万吨，占世界比重为 8.3%。还有部分国家进口粗铜，在本国将其冶炼成精炼铜使用，如美国 2023 年精炼铜产量为 88.1 万吨，占世界比重为 3.3%。

整体来看，世界前十精炼铜生产国产量均在 50 万吨以上，合计产量为 2294.5 万吨，占世界比重为 86.4%。

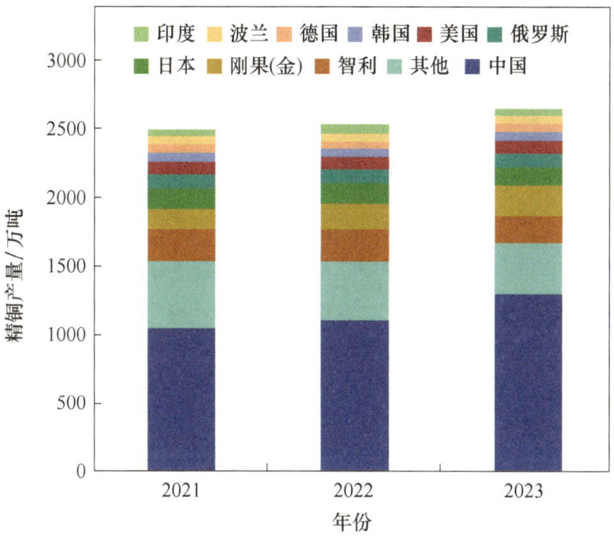

图 1-12　世界主要国家精炼铜产量统计图

（数据来源：ICSG、中国数据为安泰科调整数据，全球产量未做调整）

3. 世界主要精炼铜生产企业分布

从世界主要精炼铜冶炼企业产量来看，2023 年排名前十位的企业精炼铜产量合计达到 1211.7 万吨，世界占比为 45.6%，产量达百万吨级的企业有 6 家，行业集中度较高。从进入门槛来看，前五名的门槛为 110 万吨，前十名的门槛为 72 万吨（见图 1-13）。从各国入选企业的情况看，中国企业表现突出，江西铜业、铜陵有色、中国铜业、金川集团和紫金矿业五家企业跻身前十。其中，江西铜业、铜陵有色、中国铜业和金川集团的精炼铜产量位列世界前四名。

4. 世界精炼铜贸易流向

2023 年，世界精炼铜进口总量为 899.5 万吨，其中，中国进口量为 373.9 万吨，世界占比为 41.6%，是世界最大的精炼铜进口国（见图 1-14），美国、意大利、德国的进口量分别占 8.5%、

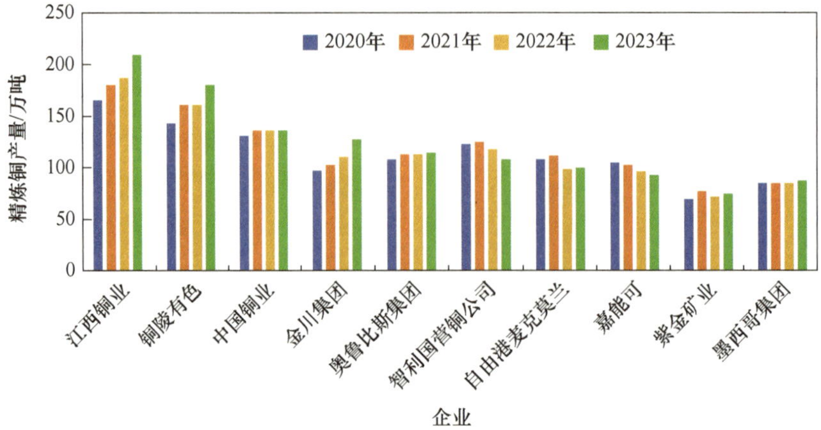

图 1-13　世界主要企业精炼铜生产量统计图

（数据来源：中国有色金属工业协会（CNIA）、安泰科）

6.1%和5.5%。世界精炼铜进口国家和地区主要集中在亚洲及欧美，同时这些国家和地区也是世界精炼铜消费的主力军。

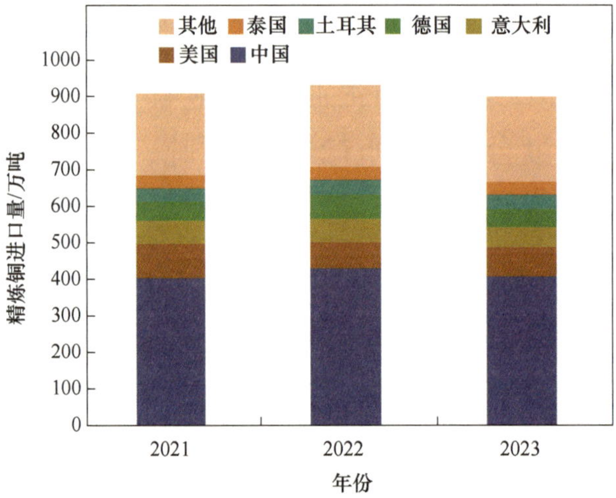

图 1-14　世界主要国家（地区）精炼铜进口量统计图

（数据来源：WBMS）

2023年，世界精炼铜出口总量为823.3万吨，其中，智利出口量为206.3万吨，世界占比为25.1%，居第一位（见

图 1-15)，其次是日本、澳大利亚、哈萨克斯坦和秘鲁等国，2023 年分别出口 70.9 万吨、40.8 万吨、39.4 万吨和 32.6 万吨。

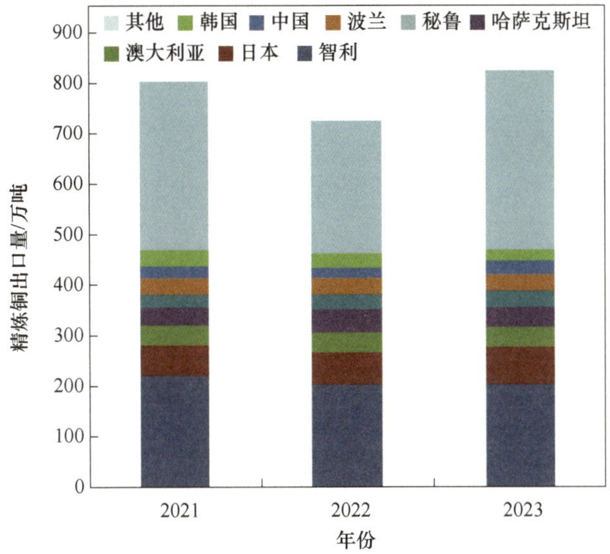

图 1-15　世界主要国家（地区）精炼铜出口量统计图

（数据来源：WBMS）

（三）世界粗铜、精炼铜生产工艺概况

世界铜冶炼方法分为两大类：火法炼铜和湿法炼铜。目前精炼铜产量的 83%是通过火法冶炼生产的，湿法冶炼生产的精炼铜占 17%左右。

1. 世界火法冶炼工艺进展

火法炼铜是当今世界生产铜金属的主要方法，主要用来处理硫化铜精矿、废杂铜。火法炼铜的优点包括原料适应性强、能耗低、效率高、金属回收率高。火法炼铜可分为两类：一是传统工艺，如鼓风炉熔炼、反射炉熔炼、电炉熔炼；二是现代强化工艺，主要分为两大类，一类是闪速熔炼或悬浮熔炼，另一类是富氧熔池熔炼。

传统冶炼工艺无法充分利用炉料中硫化物氧化的化学反应热作为能量，导致能耗较高，且产出的低浓度 SO_2 烟气难以被经济利用，对环境污染较大。而强化冶炼工艺采用纯氧或富氧空气进行脱硫，反应速度快、生产能力大、自热反应能耗低、自动化程度高，产生高浓度的 SO_2 烟气能够实现两转两吸制酸，环境污染小。自 20 世纪中叶以来，全球性的能源和环境问题日益突出，能源日趋紧张，环境保护法规日益严格，劳动成本逐步上涨，促使铜冶炼技术从 20 世纪 80 年代起获得飞速发展，传统方法不得不被新的强化方法所取代。随之兴起的是以闪速熔炼和富氧熔池熔炼为代表的强化冶炼先进技术，其中最重要的突破是氧气或富氧的广泛应用。经过几十年的努力，闪速熔炼与富氧熔池熔炼已基本取代传统火法炼铜工艺。

火法炼铜工艺过程主要包括四个主要步骤：造锍熔炼、铜锍（冰铜）吹炼、粗铜火法精炼和阳极铜电解精炼（见图 1-16）。

造硫熔炼（铜精矿—冰铜）：主要是使用铜精矿造冰铜熔炼，目的是使铜精矿部分铁氧化，造渣除去，硫氧化进入烟气制酸，产出含铜较高的冰铜。

冰铜吹炼（冰铜—粗铜）：将冰铜进一步氧化、造渣脱除冰铜中的铁和硫，生产粗铜。

火法精炼（粗铜—阳极铜）：通过氧化造渣、还原脱氧进一步脱除粗铜中的杂质元素，生产阳极铜。

电解精炼（阳极铜—阴极铜）：通过引入直流电，阳极铜溶解，在阴极析出纯铜，杂质元素进入阳极泥或电解液，从而实现铜和杂质的分离，产出阴极铜。

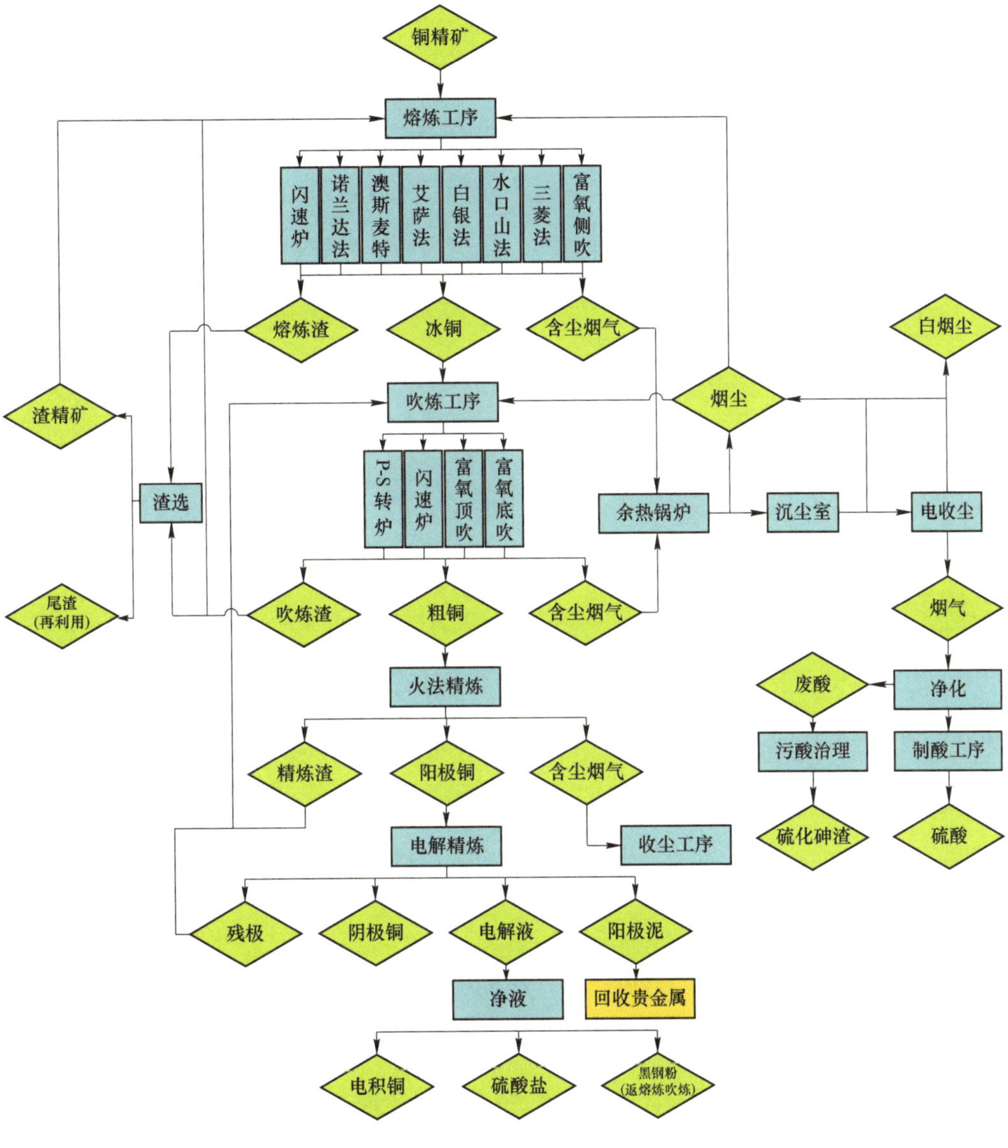

图 1-16　铜冶炼火法工艺基本流程图

（数据来源：CNIA）

火法炼铜先进工艺如下。

双闪工艺　双闪工艺即“闪速熔炼（flash smelting）+闪速

吹炼（flash converting）”的组合工艺。该工艺具有环境指标优越、综合能耗低、自动化程度高的优势，是一种高效环保的炼铜技术，也是未来铜冶炼的发展方向之一。

自从 1949 年第一座芬兰奥托昆普（Outokumpu）闪速炉诞生，以及 1953 年加拿大国际镍公司（Inco）闪速炉投产至今，闪速炉经历了 70 余年的历程，得到了很大的发展。为了满足铜冶炼日益大型化生产的需求，1995 年闪速吹炼炉首次实现工业化应用，并发展形成了“双闪”铜冶炼工艺技术。美国肯尼科特犹他冶炼厂（Kennecott Utah）是全球第一家采用“双闪”工艺的铜冶炼厂，随后该工艺在中国得到了广泛应用。截至 2023 年年底，中国已建成投产 5 个“双闪”铜冶炼厂，另有 1 个正在建设中，单冶炼厂最大产能已达 50 万吨/年。

近年来，闪速冶炼通过提高富氧浓度、强化炉体冷却、采取新型炉体结构、改进加料系统和采用新型精矿喷嘴，以及提高反应塔热强度等手段不断实现技术创新，从而提升产量。因其环保高效、能耗低、生产成本低，该工艺得到了极大的发展和应用。

“双底吹”连续炼铜　“双底吹”连续炼铜工艺是中国自主研发的炼铜技术。该技术最早起源于 20 世纪 90 年代初的炼铅工艺。2014 年，中国恩菲工程技术有限公司与河南豫光金铅集团有限责任公司合作将底吹熔炼和吹炼技术相结合，完成工业试验。随后，该工艺在中国得到推广应用。

“富氧侧吹熔炼+多枪顶吹连续吹炼”热态三连炉连续炼铜　该工艺是现代铜冶炼技术的重要创新，最早在赤峰云铜有色金属有限公司启动工业化试验，后经完善和发展最大产能可达

40 万吨/年，实现了清洁生产，各项技术经济指标均达到国际先进水平。该工艺的特点在于“三段连续”，即熔炼炉、吹炼炉和火法精炼炉通过溜槽热态连接，每台炉是否正常作业都会对整个系统产生影响，为此在设计过程中采用热力学模型和工艺模拟软件，基于单元模块进行化学过程控制，同时采取两套炉渣排放口等多种措施最大程度保证作业效率。该工艺具有原料适应性强、熔炼强度大、脱杂能力强、工艺流程紧凑、环境保护好、劳动强度低、系统作业率高、控制难度小、节能效果好、生产成本低等优势。该工艺的演进体现了冶金技术从“分段式”向“一体化”发展的趋势，中国在此领域的工业化应用已处于世界领先地位。

2. 世界铜湿法冶炼工艺进展

随着环保要求的不断提高，以及资源问题的日益突出，特别是近年来铜价的大幅波动，相较火法炼铜方法难以处理低品位铜矿石、含铜废矿石、难选氧化矿、露采矿坑的边坡矿等铜矿石资源，湿法炼铜通过浸出—萃取—电积流程可以很好地处理这些复杂铜矿石，且其具有环境污染小、投资少、资源利用充分等优点，得到了快速发展。2023 年全球采用湿法炼铜技术生产的精炼铜为 455 万吨，占世界精炼铜产量的 17%。

目前铜湿法冶炼主要处理的是氧化铜矿，特别是黄铜矿。这也是中小型矿山进行矿产品深加工、提高矿产品附加值的最佳途径之一。

在铜的湿法冶炼工艺中，浸出的目的是将矿石中的铜等有价金属元素最大限度地溶解出来。由于矿石品位、铜矿物的可溶性、共生脉石性质等原因，不同种类的铜矿石浸出方式也不相同。露天采矿剥离的废石以及地下采矿的低品位矿石适用于堆浸，氧化铜富矿适用于搅拌浸出，含碱金属较多的氧化铜矿适用于氨浸，巷道内残矿适用于就地浸出等，如图 1-17 所示。

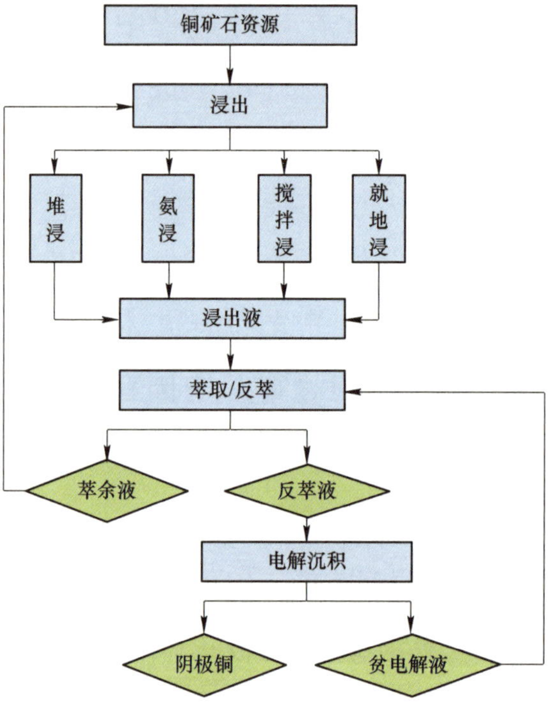

图 1-17　湿法冶金工艺流程图

（数据来源：CNIA）

采用生物浸出技术从矿产资源中提取金属的方式越来越受到重视，可提取的金属种类也日益广泛，如铜、铀、金、镍、钴等。世界上已有几十座铜、铀、金矿山实现了大规模工业应用。与传统的火法工艺相比，这种技术处理硫化矿具有投资少、成本低的优势，特别是能够有效避免二氧化硫（SO_2）和砷（As）排放对环境造成的污染。美国和智利利用溶剂萃取—电积法（Sx-Ew）生产的铜中约 50% 以上采用了生物堆浸技术。位于智利北部的奎布瑞达 · 布兰卡（Quebrada Blanca），海拔

4400 米，是世界上海拔最高的湿法炼铜厂之一。该厂处理的铜矿石品位为 1.3%，主要铜矿物为辉铜矿和蓝铜矿，采用薄层细菌堆浸技术。由于细菌氧化过程为放热反应，因此尽管工厂位于高海拔地区且寒冷期较长，但冬季堆浸仍可顺利进行。生物浸出技术在该厂的工业化应用为开发高海拔地区的铜矿资源提供了宝贵经验。

开发铜精矿加压浸出技术也是一大趋势。加拿大科明科（COMINCO）公司将铜精矿再磨至一定粒度后送入高压釜中，在 153 ℃条件下用硫酸浸出。矿浆经过过滤和洗涤后，渣中的主要成分为元素硫和三氧化二铁。浸出渣通过浮选回收贵金属和元素硫，浸出液则送萃取—电积系统生产阴极铜。澳大利亚芒特·戈登（Mount Gordon）采用加压浸出—萃取—电积工艺处理高品位硫化铜矿，建成了一座年产 5 万吨阴极铜的工厂，铜的回收率在 90%以上。

在电积方面，与火法电解工艺发展相一致，不锈钢阴极技术和大型聚合树脂混凝土电解槽的应用进一步推广，同时结合新的除杂技术，使电能消耗有所下降，电能效率进一步提高。

3. 世界铜冶炼工艺发展趋势

（1）湿法炼铜工艺持续发展。随着高质量、高品位铜精矿资源的减少，未来铜冶炼工艺需要应对成分更加复杂、多变的原料。湿法炼铜的优势更加显著，随着技术的进步，浸出和萃取效率将会进一步提升。

（2）绿色低碳成为主流。在世界绿色低碳、节能环保的大背景下，铜冶炼行业将加大环保治理的投资力度，环保成本将进一步提高。对冶炼技术进行升级改造，提升产能和规模、降低生产成本、减少能耗、实现废水废气零排放将成为今后冶炼工艺技术发展的主流。

（3）数字化智能工厂转型。火法炼铜连续化技术和绿色环保技术对冶炼工艺的精细化控制提出了更高要求。数字化智能工厂转型可以解决传统铜冶炼劳动生产效率低、工艺复杂、控制难度大、信息化数据化应用不足，以及数据挖掘不充分等行业的痛点问题。尽管铜冶炼行业相较其他传统工业智能化起步较晚，但已经积累了自动化、信息化、数字化、智能化工厂建设的实践经验。

（4）个性化工艺技术创新。世界各地区铜矿资源具有自身特点，需要有针对性地开发定制工艺技术。中国矿冶科技集团有限公司针对刚果（金）铜钴矿特点开发的富氧焙烧—直接电积工艺，将硫化铜精矿富氧焙烧浸出后，不经萃取直接电积生产阴极铜，与氧化铜精矿浸出—萃取—电积系统实现串联互补，有效地解决了整个湿法冶炼系统的酸平衡和水平衡问题，已经成为刚果（金）铜钴矿开发的主流技术，极大地促进了当地铜产业的发展。

（四）世界粗铜、精炼铜生产趋势及预测

从装备工艺技术来看，随着冶炼工艺技术的不断完善，世界粗铜和精炼铜的生产工艺正朝着规模更大、效率更高、环保更优的方向发展。而资源国产能和产量的分布则受到资源国本土化进程及全球地缘政治影响，其冶炼产能也会得到提高。

1. 未来世界铜粗炼产能预测

根据 2023 年年底，已有的新建粗铜冶炼项目产能统计，预

计到 2025 年世界粗铜产能将达到 2774 万吨/年。到 2030 年，世界粗铜产能预计为 3160 万吨/年，如图 1-18 所示。

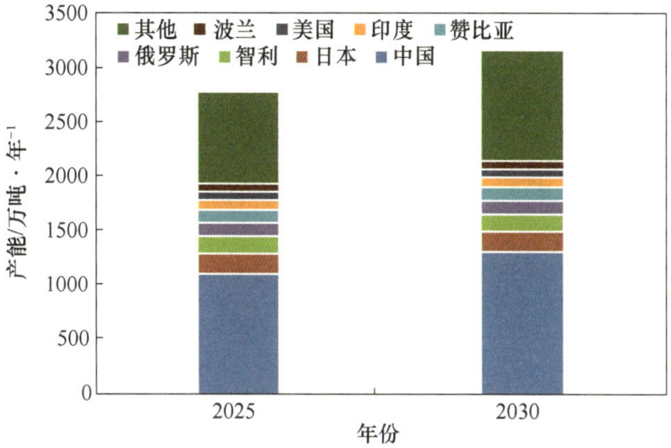

图 1-18 世界粗铜产能预测图
（数据来源：ICSG、CNIA）

2. 未来世界铜精炼产能预测

世界精炼铜产能预计 2025 年将达到 3708.9 万吨/年，2030 年有望达到 4160 万吨/年，如图 1-19 所示。

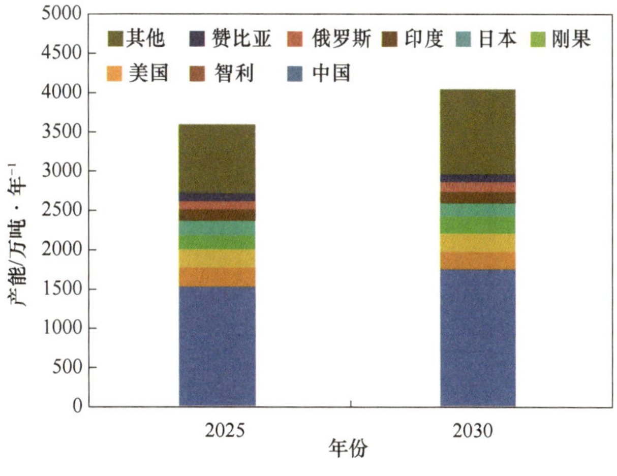

图 1-19 世界精炼铜产能预测图
（数据来源：安泰科、ICSG、CNIA）

三、世界再生铜回收与处理现状及未来发展趋势

随着工业化进程的加快和环保意识的提高，再生铜作为铜资源的重要补充，其产能和产量持续增长。本节通过梳理铜废料的类型、回收技术、工艺变化及影响回收的因素等，结合世界废铜供应周期模型，评估再生铜对原生资源的供应潜力。

（一）废杂铜类型及废杂铜预处理

1. 废杂铜类型

废铜指生产与消费过程中已完成使用寿命的器物中所含有的铜部件及材料，如旧电线、旧电机、报废汽车、报废船舶等。再生铜是指通过回收、加工、处理后可循环再利用的铜及其合金，如图 1-20 所示。按照铜生命周期来看，通常情况下，建筑行业用铜寿命在 30~70 年；电力电缆和电力设备在 15~25 年；交通运输工具在 10~15 年；电子（家电和电子产品）等产品在 1~15 年不等，其他用铜产品的使用寿命大致在 5~15 年。综合来看，铜终端产品的平均回收寿命大概为 20 年。不过，实际回

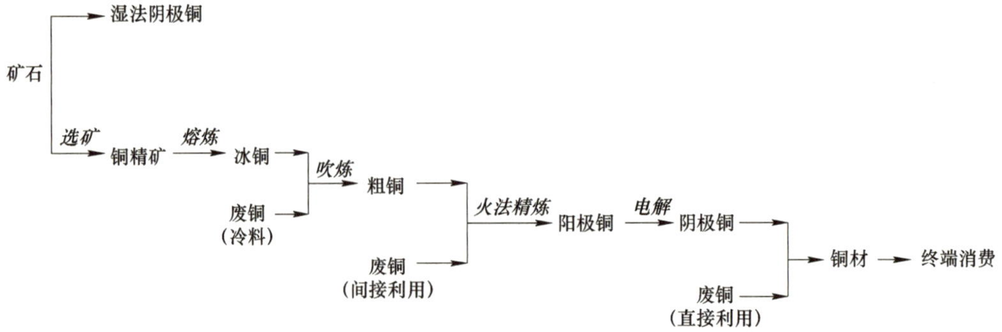

图 1-20　废铜在铜产业链中流向示意图

收情况还受到当年国家的经济状况、环保等相关政策及铜价等因素的影响，因此这个数据仅能作为参考。

废铜的供应主要来自已有的终端消费产品，这些产品的存量决定了废铜供应量的基础，同时还要考虑经济发展状况对废铜供应量高低的影响。此外，还需考虑回收、拆解等诸多相关产业的能力，以及精铜价格和废铜价格的价差等多方面因素。

2. 废杂铜预处理

预处理是指将可回收的有色金属物料的状态变成能够进行有效的后续冶金加工的过程。这一过程包括：使其达到规定的外形尺寸和质量标准；将有色金属与黑色金属分离；去除非金属夹杂物、水分、油质等。对废有色金属再生利用进行精细和高质量的前期准备，使之适用于后续冶金工序或者直接加工利用，可以将有色金属损失减少到最低程度，降低燃料、电力、熔剂的单位消耗，使冶金设备和运输工具得到有效利用，并提高劳动生产率及有色金属与合金产品的质量。

原料预处理包括以下主要工序：分选、切割、打包、压块、破碎、粉磨、磁选、干燥、除油等。特种原料（如废电动机、废电线等）的预处理，采用专门的生产线。

（二）再生铜生产工艺技术及发展趋势

1. 熔炼技术

目前，世界各国的废铜熔炼技术差别不大，根据原料分为高品位和低品位，从冶炼工艺上分为一段法、二段法和三段法冶炼。

一段法：铜品位大于98%的紫杂铜、黄杂铜、电解残极等直接加入精炼炉内精炼成阳极，再经过电解生产阴极铜。

二段法：废杂铜在熔炼炉内先熔化，吹炼成粗铜，再经过精炼炉—电解精炼，产出阴极铜。

三段法：废杂铜及含铜废料经鼓风炉（或 ISA 炉、TBRC 炉、卡尔多炉等）熔炼—转炉吹炼—阳极精炼—电解，产出阴极铜。原料品位可以低至含铜 1%。

三段法具有原料综合利用率高、产出烟尘成分简单且容易处理、粗铜品位较高、精炼炉操作较容易，以及设备生产率较高等优点，但也存在过程复杂、设备多、投资大且燃料消耗较多等缺点。因此，再生铜的冶炼一般采用两段法与三段法相结合的工艺流程，此法有利于降低能耗并提高有价金属的综合回收利用。

主要再生铜冶炼工艺包括如下几种。

（1）北德精炼凯撒冶炼厂（Beide Refining Caesar Smelter Plant）凯撒回收再生系统（KRS）：凯撒冶炼厂用 1 台 ISA 炉取代 3 台鼓风炉和 1 台 PS 转炉，处理含铜量为 1%~80%的残渣和杂铜；ISA 炉间歇地进行熔炼和吹炼，含铜残渣和杂铜先在 ISA 炉中进行还原熔炼，产出黑铜和硅酸盐炉渣。黑铜继续吹炼，产出含铜量为 95%的粗铜。

（2）奥地利布里克斯莱格（Montanwerke Brixlegg）厂鼓风炉—转炉—反射炉工艺：原料为废杂铜，含铜量为 15%~99%。生产工艺由鼓风炉、PS 转炉、固定式阳极炉及电解组成，是典型的三段法。该工艺的特点是不同品位的残渣和紫杂铜采用不同的工艺流程生产不同的产品。

（3）比利时金属化学（Metallo-Chimique）冶炼厂氧气顶吹

旋转转炉（TBRC）冶炼工艺：金属化学冶炼厂的氧气顶吹旋转转炉对原料适应性强，可处理品种繁多且复杂的原料。

（4）比利时优美科（Umicore）公司霍伯肯（Hoboken）冶炼厂的艾萨炉：霍伯肯冶炼厂的艾萨炉每年处理各种 Pb/Cu/Ni/贵金属二次物料，包括工业副产品、再生废料和矿物原料。所选择的艾萨熔炼工艺对原料适应性强，可处理品种繁多且复杂的原料。

（5）卡尔多炉（Kaldor Furnace）处理低品位废杂铜：卡尔多炉处理低品位废铜是一种先进的熔炼技术，主要体现在金属回收率高和环境效益好等方面，可以处理含铜量为 15%～99% 的废杂铜，其适应性强，物料无须预处理即可直接入炉，并可控制氧化和还原气氛。处理低品位废杂铜分为加料、熔炼、放渣、吹炼、出铜五个步骤，在一台炉内分阶段完成，粗铜品位可达 96%。卡尔多炉处理废杂铜工艺是国外二段法处理废杂铜的一种先进工艺。

（6）NGL 炉精炼废杂铜工艺：针对现有废杂铜处理技术的不足，中国瑞林工程技术有限公司研发了 NGL 炉废杂铜火法精炼工艺。NGL 炉结合了倾动炉和回转式阳极炉的优点。该工艺采用氧气卷吸燃烧方式供热，有效提高了热效率，缩短了生产周期，使排出的烟气量减少了 65% 以上。

2. 直接利用技术

铜及铜合金再生资源品种繁多，再生方法各异。其中，再生铜直接利用部分，铜杆和铜合金是直接利用中最主要的两类产品。

（1）直接利用生产铜杆：针对某些行业并不需要高品质铜杆的情况，可采用高品位废铜原料直接生产铜制品，具有较好的经济效益。2000 年之后，利用废杂铜生产铜杆的连铸连轧工艺技术在中国迅速发展。这一工艺过程主要包括废铜熔炼和连铸连轧。与引进技术和设备相比，中国自行研发的废杂铜连铸连轧光亮杆生产线，在严格的工艺控制下，不仅完全可以达到电工用圆铜杆的生产要求，而且具有投资少、废杂铜利用率高的特点。

（2）直接利用生产铜合金：对于合金成分清楚、经过脱脂、烘干处理的铜及合金废料可以直接作为熔炼铜合金的原料，直接入炉熔炼，用于生产铸造产品或供加工坯料及铸锭使用。这种方法在铜再生方法中较为经济，被铜材加工企业广泛采用。对于成分比较复杂的原料，需要先进行分类挑选，去除杂质后才能作为生产铜合金的原料。利用铜合金废料生产铜合金产品的过程中，需先熔化并调整成分，补加合金元素等。企业应加强预处理装备和工艺的研发升级，通过优化设计铜合金的再生利用方案，建立合金的各项加工性能的前期调控技术，判定不同合金牌号中熔铸的投料顺序、有害杂质的去除及熔体净化处理等工艺，形成一套有序且具有可操作性的生产技术体系。

3. 资源综合利用技术

由于再生铜原料尤其是低品位原料的成分复杂，在熔炼和精炼过程中会产生收尘灰、炉渣及电解废液，其中含有多种金属。合理而经济地回收有价金属能够提高资源的利用效率，最大程度提升企业的经济效益和环境效益。

此外，阳极泥除了回收金、银之外，进一步回收铂族金属和稀有金属也逐步受到重视。企业无法回收利用的危险固体废物，需交由具备资质的单位统一处理。由于此环节多为固废处理，本书不再详述。

（三）世界废铜供应量及未来预测

经济发展水平对废铜供应量有显著影响，废铜供应量在不同年份的增减状况和变化幅度反映了国民经济发展的快慢。世界 GDP 增长率与世界废铜供应量数据显示，当世界 GDP 增长率加快时，物品淘汰速度加快，世界废铜供应量增多；反之，当世界 GDP 增长率放缓时，物品淘汰速度放缓，世界废铜供应量减少。例如，1975 年和 1982 年世界经济增长速度缓慢，废铜供应量分别降低约 20%和 6%。总体来看，近年来废铜供应基本呈现波浪式上升格局，即总量逐步增长，但其间会因各种客观环境（经济、相关国家政策、公共卫生事件等）变化而稍有波动。

由于统计困难，至今尚无机构能够提供准确的世界废铜供应量数据。安泰科根据历史废铜利用量情况，结合当年铜材生产情况和宏观经济形势，通过模型对未来废铜供应进行了大致预测，如图 1-21 所示。

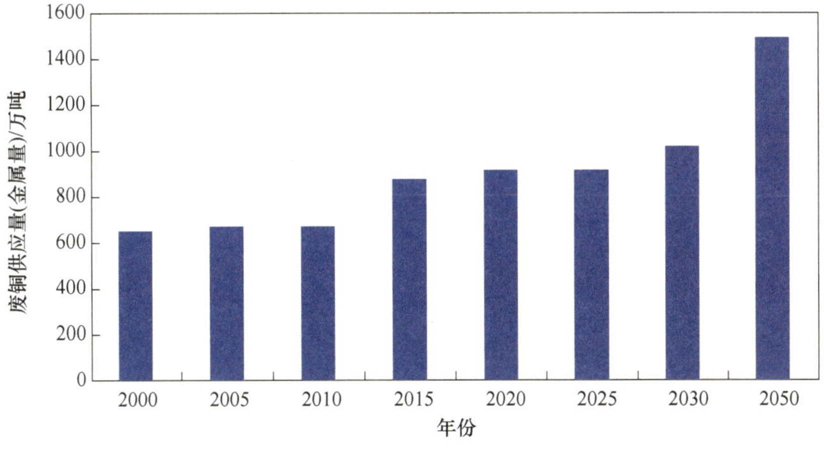

图 1-21　世界废铜供应量及预测图

（数据来源：安泰科、CNIA）

2013年至今，世界废铜的主要来源地是欧美等已经到达消费峰值且积蓄量较大的发达国家；而中国的铜消费快速增长始于1998—2000年，目前虽然正在逐步接近消费峰值，但尚未真正达到，因此中国成为废铜主要供应国仍需时间。

预计未来随着世界经济改善，以及中国终端消费产品陆续进入回收期，世界废铜供应量还将继续稳步增长。然而，整体来看废铜供应增幅可能受到一些发达国家废铜产生量趋于减少的限制。从原料构成来看，矿产铜依然是精炼铜的最主要原料。

（四）世界再生铜生产及未来预测

废铜的再生利用与国家的工业化程度和铜的消费水平密切相关。世界废铜的主要利用地区为亚洲、西欧和北美，大洋洲和非洲国家的利用量较少。除中国以外，近年来世界年废铜利用量超过或达到50万吨的主要是日本、美国、德国、意大利等国，如图1-22所示。

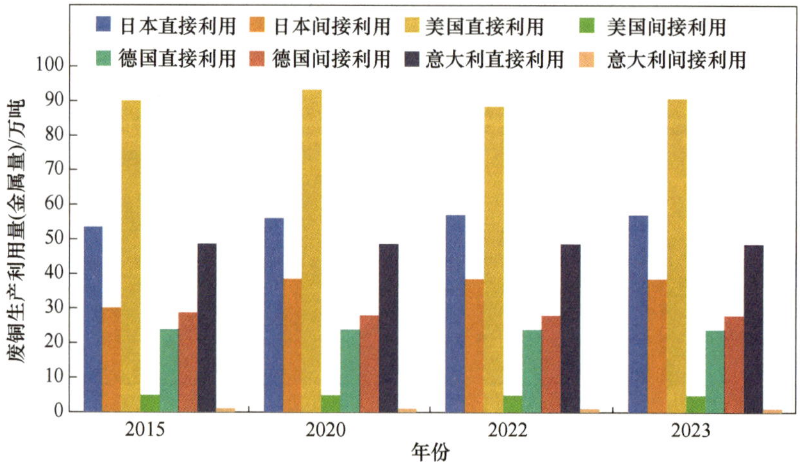

图1-22　中国以外主要国家废铜生产利用量统计图

（数据来源：WBMS）

未来，随着碳中和的推进，欧美对“低碳铜”（即再生铜）的需求将有所增长。预计废铜的回收和利用将受到更多重视，其出口量可能减少，而利用量则会趋于增加。

预计 2025—2030 年，世界废铜供应量和利用量将重回增长趋势，如图 1-23 所示。

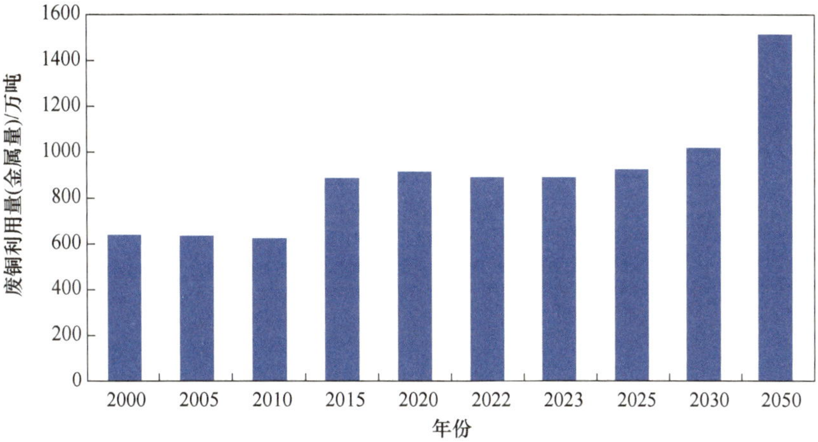

图 1-23　世界废铜利用量预测图

（数据来源：WBMS、安泰科）

四、世界精炼铜消费格局演变及趋势

当前世界精炼铜消费格局正经历结构性重塑。本节从历史视角切入，分析百年来铜消费格局的演变，揭示新兴市场工业化与城市化对铜需求的拉动效应，最后基于能源革命与数字化浪潮，展望未来铜消费变化。

（一）世界铜市场与消费格局演变

铜是一种具有可塑性和延展性的金属元素，具备良好的导电性和导热性，可以降低能源损耗，同时还具有耐腐蚀性和抗菌性。铜广泛应用于生产生活的各个领域，其生产与使用对社会发展至关重要。铜还可以与一种或多种金属（如锌、铝、锡和镍）熔铸形成铜合金，铜合金相较于纯铜拥有新的特性，可以应用于高度专业化的领域。除了工业属性以外，铜还是动植物生长必不可少的微量元素之一。同时，铜也是重要的衍生金融商品，其市场价格是反映经济周期变化的重要指标之一。

1. 18 世纪至 19 世纪中叶

工业化革命之前，城市的发展和城市人口的增长极其缓慢。直到 1800 年，全世界的城市人口仅占总人口的 3%。铜主要用于装饰品、钟表等艺术品及大炮和装备等军事用途。从 18 世纪 60 年代工业革命兴起，人类社会开始了工业化进程，尤其是蒸汽机的发明，为全球铜工业快速发展作出了贡献。1769 年，蒸汽机实际应用于矿山排水，大幅带动了采矿业发展。之后工业化冶炼技术在英国发展起来，促使英国在 18 世纪成为全球铜冶炼中心，占据全球约 3/4 的铜产量。此外，电气工业要求高质量的铜。电解精炼铜工艺于 1847 年在实验室取得成功，1865 年英国建设了世界第一家铜电解厂。

2. 19 世纪中叶至 20 世纪中叶

进入 19 世纪 60 年代后期，随着第二次工业革命的开始，人类进入了“电气时代”。在这一阶段，城市化进程加快，1800—1950 年，世界总人口增加了 1.6 倍，而城市人口却增加了 23 倍。铜因其优良的导电性在电力和建筑领域得到了快速应用。铜的生产与消费中心逐步向美国转移，1883 年美国成为世界第一大铜生产国。

进入20世纪，全球铜矿及铜生产和消费格局发生了重大变化。随着南美洲超大型铜矿的发现与开发，全球铜生产和消费中心逐渐分离，生产中心逐步由欧洲和美国转向南美洲。随着智利的埃尔特尼恩特铜矿、丘基卡马塔铜矿、埃斯孔迪达铜矿等全球超大型铜矿的开发，智利成为20世纪后半期到21世纪全球最大的铜矿生产国。

3. 20世纪下半叶至21世纪初

随着第三次工业革命的推进，人类社会在经济、政治、文化、科技领域发生了重大变革，推动了人类社会生活的现代化向更高境界发展。在这个阶段，各国发展的不平衡加剧，国际地位发生了新变化，促进了世界范围内社会生产关系的变化，推动了国际经济结构的调整，世界各国经济相互依存，联系日益紧密。

在此期间，工业化国家城镇化步伐加快。从全球看，1900年城市人口所占比例为13.6%，到了1950年达到了28.2%，1960年为33%，1970年为38.6%，1980年为41.3%，2000年为46.6%。城镇化步伐的加快，促使铜在电力和建筑领域广泛使用。1960年，美国城市化率达到70%，铜消费量也大幅增长，1969年的消费量达到194万吨，是1900年的12.1倍、1920年的3倍。1999年，美国铜消费达到313万吨的峰值。

随着发达国家工业化和城镇化的完成，美国、欧洲、日本等发达国家和地区对铜的消费在2000年前后逐步进入消费峰值。根据世界银行统计，1980年发达地区国家的城市人口比例平均为70.9%，其中，美国为73%，日本为76%，联邦德国为72%，英国为78%，澳大利亚为85%。美国铜消费峰值出现时，其城镇化率为78%。

4. 21世纪以来

2000—2010年，世界精炼铜消费增长较为平稳，年均增长率为2.5%。2011—2015年，中国经济蓬勃发展带动中国乃至世界精炼铜消费量的上涨。2013年，世界精炼铜消费量首次突破2000万吨，2011—2015年年均增速为3.6%。2020年，世界精炼铜消费量为2495万吨，2016—2020年年均增长率为1.6%，增速大幅放缓。2020年之后全球经济增速放缓，叠加美联储加息和地缘政治冲突频发等因素，部分国家和地区经济面临衰退；中国房地产供求关系发生改变，世界精炼铜消费增速放缓，供需格局由缺口转为过剩。2023年，世界精炼铜消费量为2655万吨，2021—2023年年均增速为2.1%，如图1-24所示。

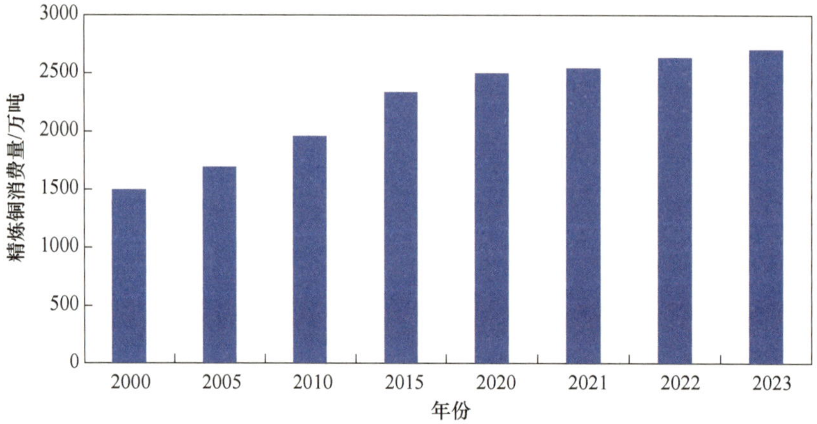

图1-24　2000—2023年世界精炼铜消费量变化图

（数据来源：ICSG、安泰科）

（二）世界精炼铜消费区域分布

2023年，世界精炼铜主要消费国为中国、美国、德国、日本、韩国等，如图 1-25 所示。

整体来看，近年来世界精炼铜消费的增长主要由中国和其他新兴国家或地区如印度、土耳其、阿联酋等所驱动。

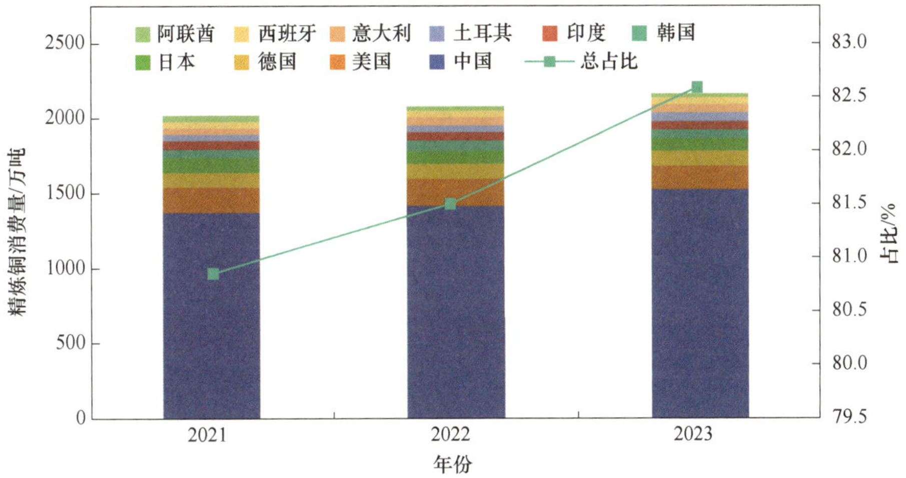

图 1-25　世界主要国家精炼铜消费量统计图

（数据来源：ICSG、安泰科）

（三）世界精炼铜消费结构

从世界的精炼铜消费结构来看，精炼铜消费的主要领域是电力、建筑、工业设备和交通等，其中，建筑和电力行业占消费总量的三分之二（见图 1-26 和图 1-27）。建筑领域的铜消费包括输配电、水管等厨卫设备、家电及装饰等。

（四）世界精炼铜消费趋势

从历史的角度看，世界人口持续增加，全球城镇化进程不断推进，人口增长与福利水平的提升都意味着更多的原材料消耗，也整体上带动了全球铜的需求。

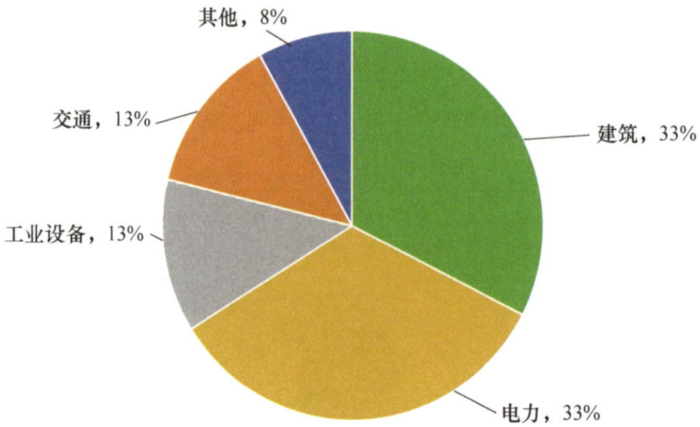

图 1-26　世界精炼铜消费结构图

（数据来源：ICSG、安泰科）

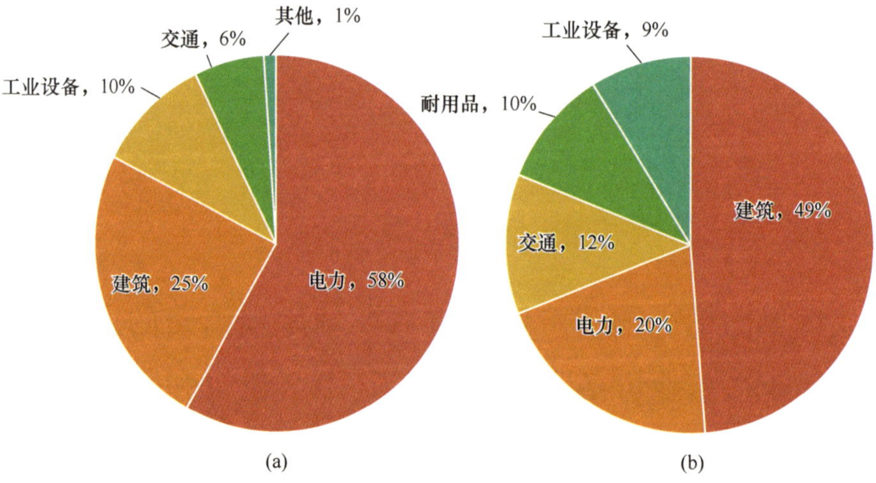

图 1-27　欧洲（a）和美国（b）精炼铜消费结构图

（数据来源：ICSG、安泰科）

从消费结构看，铜的需求一直由建筑和电力领域主导。2023 年，这两个领域铜消费占全球消费总量的 66%。其他主要消费领域包括工业设备和交通。但随着全球能源转型及新能源产业快速发展，预计未来全球铜的消费结构将发生变化，需求量也将快速增长。需求量的激增主要来源于可再生能源和电动汽车的快速增长，以及储能领域的扩张。值得一提的是，铜是清洁能源技术（如电动汽车、太阳能光伏、风能和电网）中唯一在所有领域都被利用的关键金属，因为它具有极为特殊的特性组合：电子导电性、长寿命、延展性和耐腐蚀性。因此，铜是未来实现能源转型的关键材料之一，如图1-28所示。

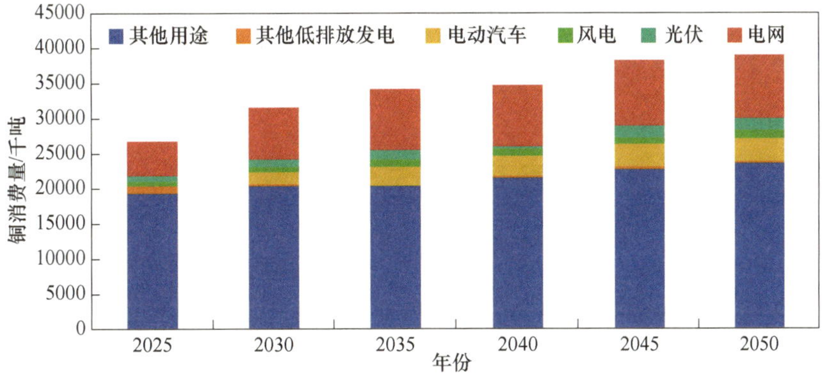

图1-28　2025—2050年铜在不同领域消费预测图

（数据来源：世界能源署）

预计2025年之前，全球用铜量增速较为缓慢，2025年之后，经济复苏步伐加快将带动精炼铜需求上涨，全球精炼铜消费增速或将有所提升。从更长远的时间看，未来全球精炼铜消费增量主要来自中国之外的国家和地区：一是传统发达国家的再工业化和制造业回流所致；二是全球“双碳”目标对海外新能源领域的带动；三是新兴国家逐步崛起，使需求仍有增长空间，如图1-29所示。

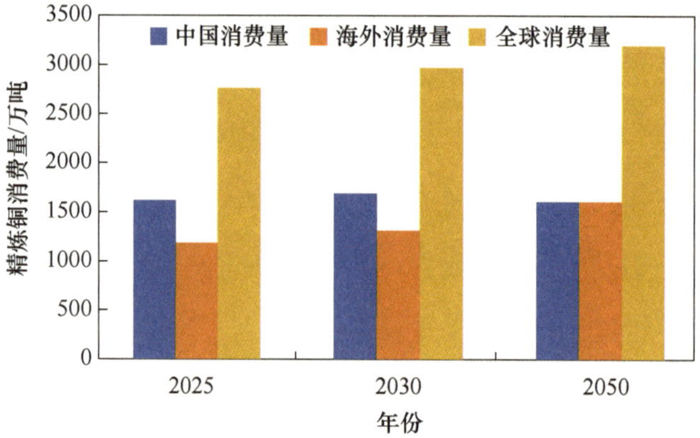

图 1-29　2025—2050 年全球精炼铜消费量预测图

（数据来源：安泰科）

五、世界铜工业发展特点及趋势

当前世界铜产业链价值分配呈现出严重向矿山端倾斜，资源国通过出口限制和本土加工政策推动资源价值留存，铜加工领域技术迭代加速推动全球材料供应构建新发展格局。研究表明，供应链韧性重塑、ESG 约束深化与新技术革命将共同定义未来十年全球铜工业格局。

（一）世界铜产业链相对割裂

按照铜产业链产品划分，一般可将其分为三类主要产品。第一类为铜精矿，该类产品是通过矿石开采和富集（氧化矿除外）产出的。铜精矿是铜产业链中的首个商品，从贸易角度看，铜精矿占全球铜产品贸易量的 38%，是第一大贸易品种。第二类为精炼铜，精炼铜可通过三种方式产出：一是由铜精矿经火法冶炼和精炼产出；二是通过湿法冶金生产出的电积铜；三是通过处理废杂料产出的精炼铜。阴极铜占世界铜产品贸易量的36%。第三类是铜加工材即铜初级加工产品，通过熔铸、压延加工等工序制成的板、带、箔、管、棒、线等半成品。此外，铜产业链中还存在铜锍、粗铜、阳极铜等中间产品，但由于其市场交易量很小且价值变化不大，本书不做详细阐述。

就世界铜产业链分布而言，上游的铜矿资源主要集中在智利、秘鲁、非洲等国家和地区，冶炼活动主要集中在中国、日本、印度等亚洲国家，而精炼铜消费则主要集中在中国、美国、欧洲等加工业发达的国家或地区。世界铜产业链资源、冶炼和消费在地理上的错配，导致了一定程度的割裂现象。这种割裂不仅受到资源分布的自然条件限制，还受到全球经济格局、技术发展、政策环境等多方面因素的影响。

（二）世界铜价值分配向上游集中

根据上下游关系，世界铜产业链主要分铜矿采选、冶炼和加工三个环节。从各环节价值链分布来看，铜矿采选环节经济效益明显优于冶炼和加工（99%以上产量的加工产品）环节。

为了更加全面、直观地反映全球产业链各环节企业的盈利能力，本书选取了国内外10家企业进行对比分析，按照各企业的营业收入构成分为：矿山型企业3家、矿山+冶炼型企业1家、冶炼型企业1家、冶炼+加工型企业3家及加工型企业2家，见表1-2。

表 1-2　2018—2022 年各类型企业盈利能力对比

企业类型	企业名称	指标	2018 年	2019 年	2020 年	2021 年	2022 年
矿山	智利国家铜业公司 Codelco	营业收入/亿元	947.3	864.6	962.9	1356.4	1143.4
		税前利润/亿元	106.6	92.5	141.2	476.9	185.0
		利润率/%	11.3	10.7	14.7	35.2	16.2
	五矿资源 MMG	营业收入/亿元	252.3	212.6	198.9	271.5	218.9
		税前利润/亿元	21.0	−11.9	3.4	95.9	31.0
		利润率/%	8.3	−5.6	1.7	35.3	14.2
	第一量子 First Quantum	营业收入/亿元	272.2	280.6	358.6	464.5	512.9
		营业利润/亿元	53.5	32.7	47.9	167.6	150.7
		利润率/%	19.7	11.7	13.4	36.1	29.4
矿山+冶炼	紫金矿业	营业收入/亿元	1059.94	1360.98	1715.01	2251.02	2703.29
		利润总额/亿元	61.3	69.74	108.46	247.94	299.93
		利润率/%	5.8	5.1	6.3	11.0	11.1
冶炼	云南铜业	营业收入/亿元	474	633	882	1271	1349
		利润总额/亿元	5.92	11.6	10.72	16.88	32.5
		利润率/%	1.2	1.8	1.2	1.3	2.4
冶炼+加工	奥鲁比斯 Aurubis	营业收入/亿元	807.6	834.5	993.6	1243.6	1309.8
		税前利润/亿元	25.8	20.2	29.4	80.0	81.2
		利润率/%	3.2	2.4	3.0	6.4	6.2
	江西铜业	营业收入/亿元	2153	2404	3185	4428	4799
		利润总额/亿元	32.9	31.6	33.4	70.2	74.0
		利润率/%	1.5	1.3	1.0	1.6	1.5
	铜陵有色	营业收入/亿元	846	929	994	1310	1218
		利润总额/亿元	13.4	13.4	14.4	45.1	40.0
		利润率/%	1.6	1.4	1.4	3.4	3.3

续表 1-2

企业类型	企业名称	指标	2018 年	2019 年	2020 年	2021 年	2022 年
加工	海亮股份	营业收入/亿元	407	412. 6	465. 2	633. 1	738. 7
		利润总额/亿元	10. 72	12. 46	8. 95	14. 43	15. 0
		利润率/%	2. 6	3. 0	1. 9	2. 3	2. 0
	兴业合金	营业收入/亿元	50	42. 6	45. 4	69. 5	62. 4
		税前利润/亿元	0. 51	0. 75	1. 75	3. 54	2. 49
		利润率/%	1. 0	1. 8	3. 9	5. 1	4. 0

注：1. 数据以公司当年年报为测算基准，外币以当年中间汇率折算为人民币；

2. 利润率以利润总额（或税前利润）除以营业收入得出。

数据来源：上市公司年报、安泰科。

按照各企业 2018—2022 年间的利润总额（或税前利润）与营业收入，计算得出营业利润率，有如下特点。

（1）矿山型及矿山+冶炼型的企业盈利能力最强。2022 年，智利国家铜业公司（Codelco）和中国五矿资源的利润率虽然都有较大下滑（主要因成本上升，以及经营中遇到一些不可抗力或突发事件），但仍超过 10%。加拿大第一量子（First Quantum）利润率接近 30%。中国紫金矿业在冶炼产能较大的情况下，仍有利润率超过 10%的表现，远远高于单纯的冶炼和加工型企业。

（2）冶炼型、冶炼+加工型企业盈利能力相对稳定。2022 年，4 家企业表现最好的德国奥鲁比斯（Aurubis）利润率也仅为 6. 2%。一方面，江西铜业、铜陵有色等中国铜冶炼企业贸易收入占比较大，稀释了利润率；另一方面，以加工费为主导的盈利模式，盈利与铜价走势无关，加之近年来铜精矿加工费持续低迷，因而利润率持续较低，这还是在部分企业的利润主要由自有矿山所贡献的情况下，否则利润率还将更低。

（3）加工型企业盈利能力呈下降趋势。中国浙江海亮股份有限公司（以下简称“海亮股份”）和宁波兴业盛泰集团有限公司（以下简称“兴业合金”）两家加工型企业历年的利润率大多都在4%以下，主要原因是铜价大幅上涨，而铜材加工费并未上升，甚至有些铜材品种的加工费还有所下降。此外，两家样本企业外的一些加工企业利润率甚至只有0.5%左右。

按照各企业2018—2022年间的利润总额与主业产品产量，计算出来的吨铜利润，具有如下特点。

（1）矿山型和矿山+冶炼型企业吨铜利润最高。但受铜价影响最大，利润波动非常剧烈，即对铜价高度敏感。

（2）冶炼型和冶炼+加工型企业吨铜利润相对稳定。

（3）加工型企业盈利能力较为稳定。样本企业均为从事相对附加值高的铜材业务的企业，盈利水平依然略低于冶炼型企业，如果是传统产品的铜材企业，则盈利能力更低。

当然，有些企业的产品不仅仅包括铜，简单计算出的吨铜利润可能存在一定偏差，但大体也可说明矿山企业在产业价值链中的优势地位。

综上，从利润率和吨铜利润的两种分析结果来看，都印证了铜矿资源开发在铜产业价值链中处于核心地位，见表1-3。

表 1-3　2018—2022 年各类型企业吨铜利润对比　（元）

企业类型	企业名称	2018 年	2019 年	2020 年	2021 年	2022 年	产量测算基准
矿山	智利国家铜业公司 Codelco	5902	5420	8238	28037	12094	铜矿
	五矿资源 MMG	4501	-2624	893	28367	10553	铜矿
	第一量子 First Quantum	10684	4423	6063	20240	19395	铜矿
矿山+冶炼	紫金矿业	8975	8007	10540	20576	19128	铜矿+冶炼
冶炼	云南铜业	871	1040	819	1228	2406	冶炼
冶炼+加工	奥鲁比斯 Aurubis	1090	893	1384	2631	2741	冶炼+加工
	江西铜业	1249	1148	1073	2126	2077	冶炼+加工
	铜陵有色	798	764	799	2267	1982	冶炼+加工
加工	海亮股份	1874	2077	1093	1549	1740	加工
	兴业合金	354	568	1282	2185	1788	加工
铜价（美元/吨）		6525	6005	6168	9315	8777	—
长单加工费 TC（美元/吨）		82. 25	80. 8	62	59. 5	62. 5	—

注：1. 以上数据以各公司当年年报中的利润总额（或税前利润）为测算基准；

2. 外币以当年中间汇率折算为人民币。

数据来源：上市公司年报、安泰科。

（三）资源本土化趋势明显

近年来，世界矿业政策逐渐发生变化，资源富集国矿产品出口政策普遍趋紧。随着全球绿色发展理念的普及，主要国家将铜列为重要关键金属矿产之一，加上近两年金属价格暴涨，各主要经济体对铜矿开发格外重视。资源国希望更多保护本国利益，在本土延长产业链，增加产业附加值，进而实现价值再分配。例如，2013 年刚果（金）出台政策，原则上不允许直接出口铜精矿，要求加工成粗铜再出口，以鼓励矿商在当地加工和提炼矿石。虽然由于刚果（金）冶炼能力不足，政府多次发布出口禁令豁免，在实际操作中仍有一定数量的铜精矿出口，但更多数量的铜精矿产品还是留在当地或赞比亚进行加工处理。此外，印度尼西亚、澳大利亚、智利、秘鲁等资源国对外国企业在铜矿投资、出口等方面也设定了种种限制或不利于经营获利的条款。总体来看，资源民族主义抬头，使非本国企业的投资、生产、经营、扩张、贸易等活动面临受限制的风险和诸多不利影响。

（四）世界铜加工竞争格局加剧

近年来中国乃至世界铜加工行业都面临着严重的同质化竞争问题。同时，为保护本国产业，一些国家通过提高铜加工产品的进口关税、设置非关税壁垒和采取反倾销等措施，提升进口铜产品的成本，降低其在本国市场的竞争力，或通过制定不同的铜产品质量标准、技术规范和认证要求，限制部分产品的自由流通。此外，环境贸易已经成为新的贸易壁垒。随着各国对环境保护的重视程度不断提高，出台了越来越严格的环保法规。这些法规对铜加工企业的生产工艺、废水废气排放，尤其是碳关税等方面提出了更高要求，从而影响全球铜加工产业贸易格局。

（五）铜矿并购依旧是发展趋势

在世界大宗金属矿山并购的广阔舞台上，铜矿并购一直占据重要地位。这一现象不仅体现了全球矿业市场对铜资源价值的深刻认识，也反映了矿业公司对未来经济增长预期的积极态度。近年来，随着全球能源转型加速推进，铜作为关键基础工业原料，其需求量持续增长，推动了铜矿并购市场的持续活跃。根据“标准普尔全球商品洞察”（S&P Global Commodity Insights）发布的数据，2023 年，全球金属和采矿业并购活动中，专注于铜的交易共有 14 笔，总价值达 46.9 亿美元。2024 年 4 月 26 日，全球最大的矿业集团澳大利亚矿业公司必和必拓（BHP）提议以 310 亿英镑的价格收购同行英美资源集团（Anglo American），虽然最终遭到拒绝，但也凸显了铜矿资源的稀缺性与高价值。

未来，随着全球经济的持续复苏和铜需求的进一步增长，铜矿并购市场有望继续保持活跃态势。

第二章
中国铜工业发展现状及未来趋势

作为全球最大铜消费国与精炼铜生产国，中国铜工业正经历“规模扩张”向“质效升级”的历史性跨越。本章立足本土视角，从资源保障、生产体系、再生循环、消费动能与产业升级五方面展开深度剖析。

一、中国铜资源分布及开发进展

中国铜资源禀赋“贫富不均”特征显著，资源开发面临品位低、埋藏深、生态约束强等多重挑战。本节系统梳理国内铜资源分布格局，以及海外权益矿开发进展和潜力。

（一）中国铜储量及分布

根据自然资源部公布数据，截至 2023 年年底，中国已探明铜资源储量为 4077 万吨。国内铜矿资源主要分布在西南地区的西藏、云南，西北地区的新疆、甘肃，华东地区的江西、安徽，华北地区的内蒙古等。

西藏铜资源探明储量最多，拥有巨龙铜矿、玉龙铜矿、甲玛铜矿、尼木厅官铜矿、谢通门铜金矿和冲江铜矿等铜矿。江西铜资源储量位居第二，是中国最大的铜工业基地之一，现有德兴铜矿、永平铜矿、武山铜矿、东乡铜矿、城门山铜矿和银山铅锌铜矿等。云南铜资源储量位居第三，拥有普朗铜矿、迪庆羊拉铜矿和大红山铜矿等铜矿。

（二）中国铜矿类型及特点

中国铜矿主要类型包括：斑岩型、矽卡岩型、铜镍硫化物型、火山岩型、沉积岩中层状火山岩型和陆相砂岩型。

1. 斑岩型

国内以斑岩型铜矿最为重要，如江西德兴铜矿、西藏巨龙铜矿和玉龙铜矿等超大和特大型斑岩铜矿。这类矿床规模巨大，矿体成群成带分布，埋藏浅，适合露天开采，且矿石可选性良好，铜品位在0.4%~1.0%，常伴生有钼、金、银等多种稀有和贵金属元素，具有较高的综合开发利用价值。斑岩型铜矿床的成岩成矿时代较新，东部地区的斑岩铜矿属于滨太平洋成矿域的一部分，成岩成矿时代以燕山期为主。

2. 矽卡岩型

矽卡岩型铜矿床主要分布在长江中下游地区，矿体赋存于燕山期中酸性岩浆岩与不同时代碳酸盐岩的接触带上。矿石矿物为黄铜矿、斑铜矿、黄铁矿等，铜品位在1%~8%，常伴生有铁、铝、铅、锌等元素。

3. 铜镍硫化物型

铜镍硫化物型铜矿床主要分布在甘肃、四川、山东、宁夏、吉林等地区。这类矿床多见于辉长岩、苏长岩和橄榄辉石岩中，矿体呈脉状、不规则透镜状，主要矿物有磁黄铁矿、镍黄铁矿等，铜品位为1%~2.5%，常伴生有钴、镍、铂族元素及金、银等。

4. 火山岩型

火山岩型铜矿床主要分布在甘肃、青海、河南等地区。这类矿床多为地槽发育早期海底火山活动的产物，含矿火山岩以细碧角斑岩构造为主。矿体呈层状、透镜状，多成群出现，主要矿物有黄铁矿、黄铜矿等，铜品位一般为0.72%左右。

5. 沉积岩型

沉积岩中层状铜矿床主要分布在云南、湖南、内蒙古、山西等地区，包括变质岩层状型和含铜砂页岩型两种，前者主要储存在元古代和古生代的变质岩中，后者主要储存在中生代和新生代的砂页岩中。矿物以辉铜矿、斑铜矿、黄铜矿为主，铜品位一般为2%~3%，最高可达7%。

国内还有少量的陆相砂岩型铜矿床和热液脉状铜矿床等。

6. 中国铜矿找矿进展

近年来，国内查明矿产资源主要集中在西藏冈底斯、班公湖—怒江、西南三江、新疆天山成矿带、内蒙古大兴安岭和中东部矿山的深部及外围。一方面，通过地质大调查、整装勘查和找矿突破等项目工作，逐步形成了一些新的铜矿资源勘查开发接续区；另一方面，通过危机矿山接替资源找矿专项，使得部分老矿山深/边部找矿取得进展，从而延长了矿山服务年限。

自新一轮找矿突破战略行动开展以来，自然资源部深入学习领会并坚决贯彻落实习近平总书记关于保障国家能源资源安全的重要指示精神，坚持立足国内，全力推进相关工作。同时，加强基础地质调查，以科技创新和装备建设为引领，践行绿色发展理念，大力促进资源节约与综合利用，取得一系列重大找矿成果，一大批共伴生、低品位、难利用资源转化为可利用资源。其中，创新大陆碰撞型斑岩铜矿成矿理论，引领西藏铜矿实现了一系列找矿重大突破。仅西藏地区预测的铜资源量已超过1亿吨，有望成为世界级铜资源基地。根据有关报道，在新一轮找矿突破战略行动中，全国新增铜资源量超过3000万吨，这一数字相当于过去10年的总和。

（三）中国铜矿开发现状及未来趋势

中国铜矿开采主要采用露天采矿、地下采矿和露天地下联合开采模式。露天开采是将矿体上覆的岩层剥离，然后自上而下依次开采矿体。由于可以使用大型采矿机械，与地下开采相比具有开采效率高、成本低、生产能力大等优越性，但矿床必须具备露天开采条件。

近年来，中国铜矿开发集中度不断提升，适合露天开采的矿山多为特大型、大型铜矿山。地下采矿的开采深度一般在300~800米，个别的达到1000米以上，其开拓方法，根据矿区的地形和矿体形状、规模及埋藏深度等因素，通常采用竖井开拓、平硐开拓、联合开拓和斜井开拓等四种方法。

经过多年的发展，中国已形成紫金矿业集团股份有限公司（简称“紫金矿业”）、江西铜业集团有限公司（简称“江西铜业”）、西部矿业集团有限公司（简称“西部矿业”）、五矿资源有限公司（简称“五矿资源”）、中国铜业有限公司（简称“中国铜业”）、洛阳栾州钼业有限公司（简称“洛阳钼业”）等一批大型铜资源企业，已经基本形成了以大中型矿山为主，小型矿山为辅的开发格局。

1. 中国铜矿开发现状

分地区来看，2023年中国国内有6个省（区）的铜精矿含铜产量超过10万吨，分别为西藏、江西、黑龙江、云南、安徽和甘肃，合计铜精矿产量118.6万吨，占全国总产量的67.6%，国内铜精矿生产地区集中度相对较高，如图2-1所示。

2. 中国铜精矿贸易情况

根据海关统计，2023年中国进口铜精矿2758.8万吨（实物量，下同），其中，从智利进口843.7万吨，占进口总量的30.6%；从秘鲁进口724.9万吨，占26.3%，如图2-2所示。

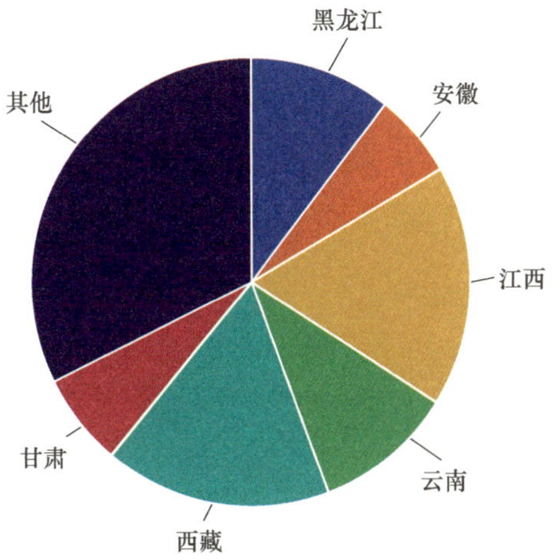

图 2-1 2023 年中国铜精矿产量分布示意图

（数据来源：CNIA）

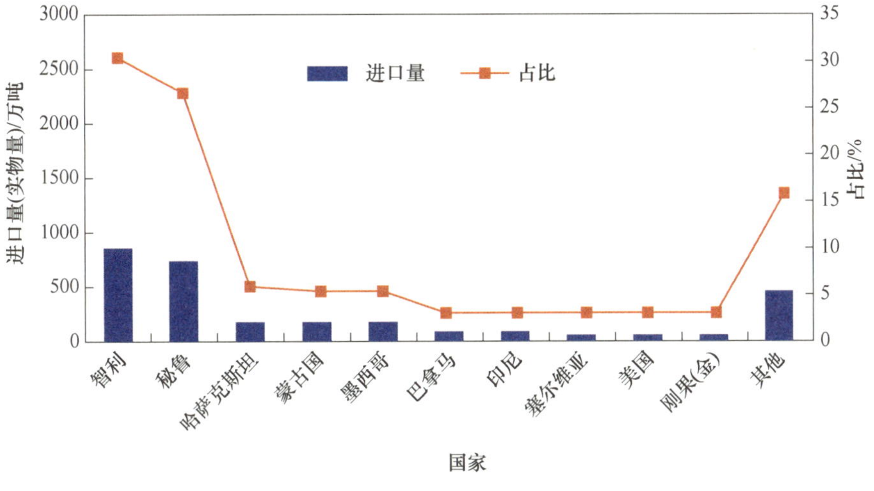

图 2-2 2023 年铜精矿分国别（地区）进口量统计图

（数据来源：海关总署、安泰科）

从贸易方式上看，铜精矿进口以一般贸易为主，占总进口量的 62.2%；进料加工贸易占总进口量的 23.0%；保税监管场所进出境货物（保税仓库进出境货物）进口量占总进口量的 8.4%。

从国内主要进口铜精矿地区来看，主要集中在安徽、福建、广西、山东和浙江等省（区）。这些地方大多是铜冶炼产能比较集中的区域，其中山东省增长较快。

3. 中国铜矿开发未来趋势

从 2020 年以来中国铜矿新增资源情况看，新增资源主要集中在西藏、新疆等地区。在建和新建产能也主要集中在西藏地区。其中，2020 年年底玉龙铜矿二期改扩建项目投产，2021 年年底巨龙铜矿建成投产，推动国内铜精矿产量在 2021 年和 2022 年连续大幅增长。2024 年，西藏巨龙铜矿二期改扩建工程已获得批准并立项。根据紫金矿业的公告，巨龙铜矿将在现有 15 万吨/日的采选工程项目基础上，通过改扩建新增 20 万吨/日的生产规模，形成 35 万吨/日的总生产规模。该项目预计于 2025 年年底建成投产，采用露天开采方式，矿山服务年限预计为 36 年。巨龙二期工程建成达产后，预计每年采选矿石量将超过 1 亿吨，届时巨龙铜矿将成为中国乃至全球采选规模最大的单体铜矿山之一。

根据国内现有资源开发情况预计，2025 年国内铜精矿含铜产量将达到 195 万吨；2030 年国内铜精矿含铜产量有望达到 230 万吨，如图 2-3 所示。

（四）中国海外铜资源开发现状及前景

中国的有色金属企业走出国门参与海外资源开发是从 1998 年开始的。中国有色矿业集团有限公司（简称“中国有色”）通过国际投标获得赞比亚谦比希（Chambishi）铜矿的经营权。

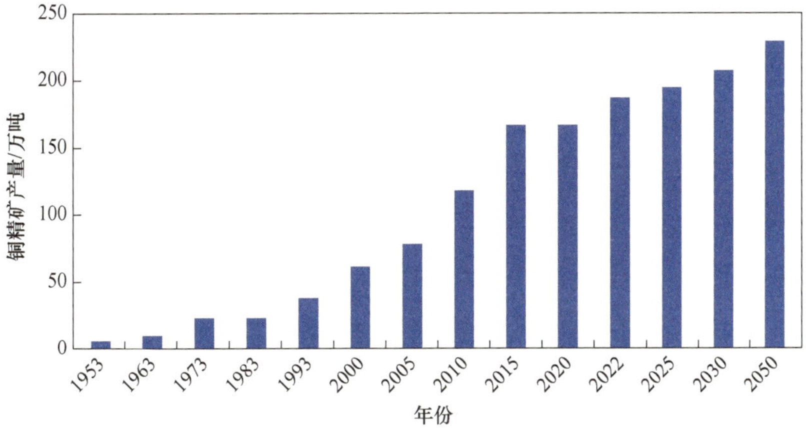

图 2-3　中国铜精矿产量预测图

（数据来源：CNIA、安泰科）

这是中国政府批准在境外开发建成的第一座有色金属矿山，被称为中非合作的标志性项目。

据不完全统计，截至 2023 年年底，中国企业参与的境外铜资源项目多达 50 多个，其中主要铜权益矿山见表 2-1。

表 2-1　中国企业境外部分铜权益矿山分布

国家	权益矿山
秘鲁	拉斯邦巴斯（Las Bambas）、特罗莫克（Toromocho）、伊尔加莱诺（EL Galeno）
塞尔维亚	佩吉铜矿（Peki Mine）、波尔铜矿（RTB Bor）
墨西哥	巴霍拉齐铜矿（Bahua Laqi Copper Mine）
刚果（金）	卡莫阿-卡库拉（Kamoa-Kakula）、华刚（SICOMINES）、金瑟维尔（Kinservere）、Tenke（TFM）、基桑夫（Kisanfu）、科尔韦齐（Kolwezi）、卡莫亚（Kamoya）、卢本贝（Lubembe）、德齐瓦（Deziwa）等
赞比亚	谦比希（Chambishi）

续表 2-1

国家	权益矿山
其他国家	阿富汗艾娜克（Aynak）、缅甸蒙育瓦（Monywa Lepataung）、刚果（布）索瑞米（Soremi）、厄瓜多尔卡拉多（Ecuador）

数据来源：安泰科、公司报告。

二、中国粗铜、精炼铜、铜加工生产现状及未来发展趋势

中国是世界主要的粗铜、精炼铜及铜加工生产国之一，到2023年年底，中国粗铜和精炼铜产能分别占全球的38%和42%，当年产量分别占全球的43%和49%。中国在世界铜产业链的各个环节都扮演着重要角色。本节聚焦粗铜—精炼铜—加工材全链条，量化冶炼环节“双碳”目标下闪速熔炼、富氧侧吹等低碳工艺升级路径，指明“产能集约化—工艺绿色化—产品高端化”发展趋势。

（一）中国粗铜、精炼铜产能及产量分布

2000年，中国粗铜产能为105万吨/年，精炼铜产能为170万吨/年。进入21世纪以来，随着中国社会主义市场经济体制的不断发展，国内铜企先后进行了股份制改造，企业经营管理水平得到提升，中国铜工业发展步伐进一步加快。至2023年，中国粗铜产能已达940万吨/年，是2000年的8.95倍；精炼铜产能大约为1429万吨/年，是2000年的8.41倍。

1. 中国粗铜生产情况

进入21世纪以来，中国铜冶炼技术进步及产能规模扩张速

度进一步提升。2000 年，中国粗铜产量为 102 万吨。相较于突破第一个百万吨用时 51 年，中国在 2007 年粗铜产量超过 200 万吨，达到 211. 15 万吨，第二个百万吨突破用时仅 6 年。2020 年，中国粗铜产量达到 680 万吨。2000—2020 年，中国粗铜产量的年均递增率约为 10%。2023 年，中国粗铜产量约为 839. 7 万吨，如图 2-4 所示。

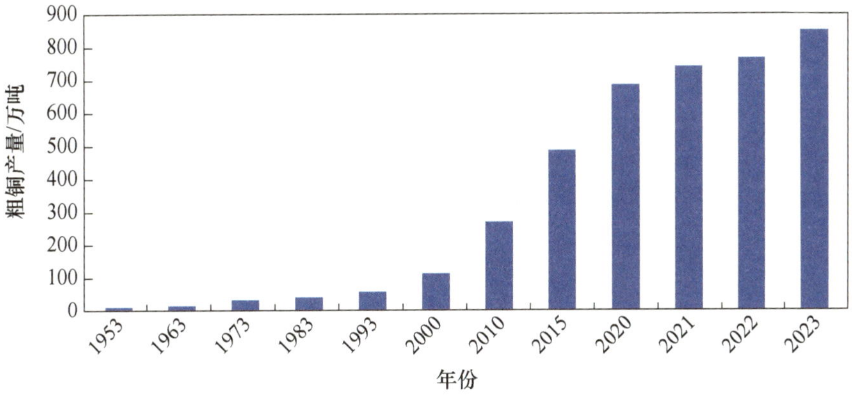

图 2-4　1953—2023 年中国粗铜产量变化图

（数据来源：安泰科）

2. 中国精炼铜生产情况

1995 年，中国精炼铜产量首次突破 100 万吨，达到 107 万吨；2004 年突破第二个百万吨关口用时 9 年；在两年后的 2006 年突破 300 万吨；2020 年产量突破 1000 万吨，为 1002. 5 万吨。2000—2020 年，中国精炼铜产量的年均增长率约为 10. 5%，如图 2-5 所示。

2023 年，中国精炼铜产量为 1299 万吨，占全球总量的 49%，产能利用率在 90%以上。中国精炼铜冶炼产能和产量主要分布在江西、山东、安徽、甘肃、广西、福建等地，如图 2-6

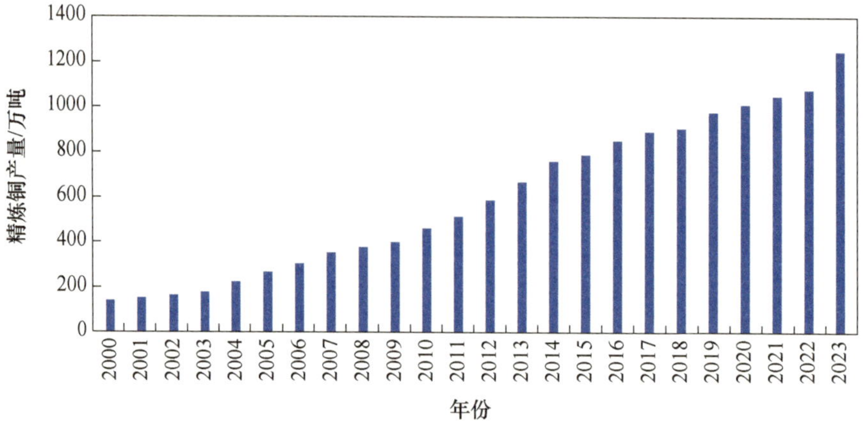

图 2-5　2000—2023 年中国精炼铜产量变化图

（数据来源：CNIA）

所示。主要生产企业包括江西铜业、铜陵有色、中国铜业、金川集团等，上述企业精炼铜产量均超过 100 万吨。全国产量排名前十的省区共计精炼铜产量为 1076.4 万吨，在中国精炼铜总产量中占比为 82.9%。

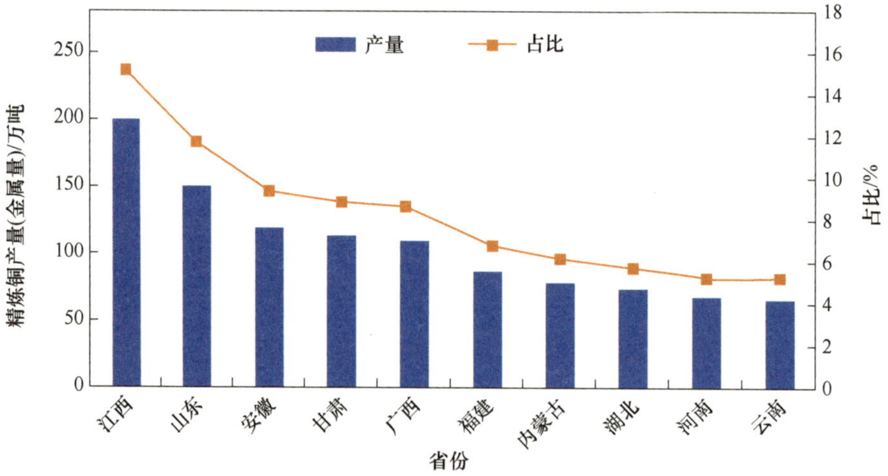

图 2-6　2023 年中国精炼铜产量分布图

（数据来源：CNIA、安泰科）

3. 中国粗铜和精炼铜贸易

根据海关统计，2023 年中国进口粗铜（阳极铜）100.2 万吨。从进口来源看，赞比亚是中国粗铜最大的进口来源国，占同期进口总量的 40.5%；其次是刚果（金），占进口总量的 17.2%；从智利进口的粗铜量占比为 14.4%；从南非进口的粗铜量占比为 7.8%。上述四国占全国粗铜进口总量的 79.9%，如图 2-7 所示。

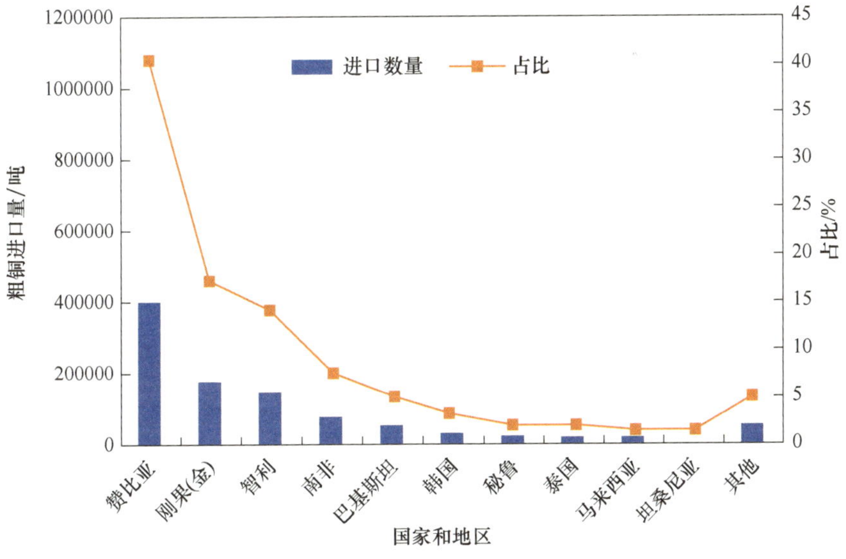

图 2-7 2023 年粗铜进口数量及占比图

（数据来源：海关总署）

从贸易方式上看，粗铜进口以一般贸易为主，占总进口量的 50.5%；其次为进料加工贸易，占总进口量的 41.8%。

从中国主要进口地区来看，浙江和江西是粗铜进口最多的省份，分别占总进口量的 18.4%和 14.0%。其次是安徽、广西、江苏、山东、福建等省（区），以上 5 个地区合计占总进口量的 36.0%。

根据海关统计，2023 年中国进口精炼铜 373.9 万吨，出口精炼铜 27.9 万吨。从进口来源地看，刚果（金）成为中国精炼铜进口的最大来源国，占进口总量的 23.3%；智利居第二位，占进口总量的 20.2%。其他主要进口来源地还有俄罗斯、哈萨克斯坦、日本、澳大利亚及韩国等，分别占总量的 9.9%、6.7%、5.2%、5.2%及 4.3%，进出口情况如图 2-8 和图 2-9 所示。从贸易模式上看，精炼铜进口以一般贸易为主，占比达到 61.2%。

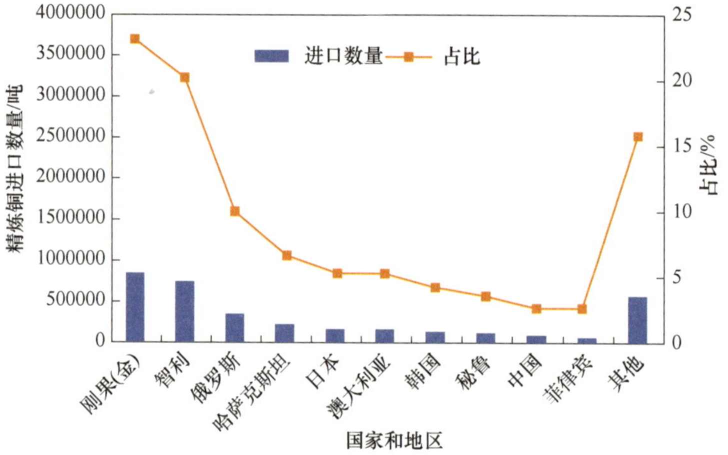

图 2-8　2023 年精炼铜进口数量及占比图

（数据来源：海关总署、安泰科）

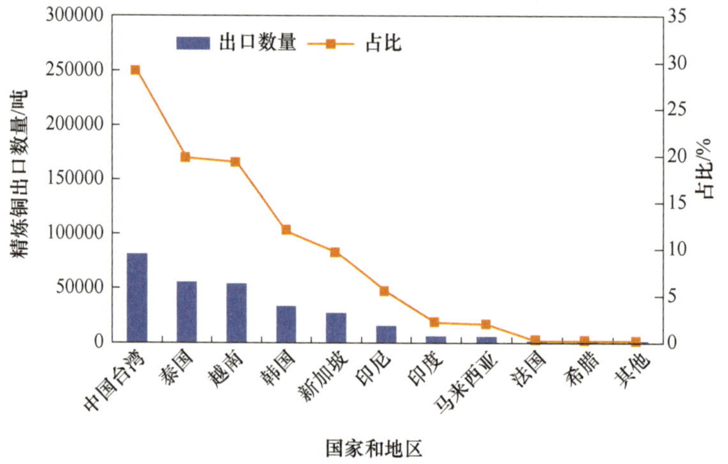

图 2-9　2023 年精炼铜出口数量及占比图

（数据来源：海关总署、安泰科）

4. 中国主要精炼铜生产企业

从主要企业产量来看，2023 年中国国内前六大铜企业合计精炼铜产量为 783. 5 万吨，占全国总产量的 60%，如图 2-10 所示。其中，江西铜业（包含烟台国兴铜业）的产量首次突破 200 万吨。

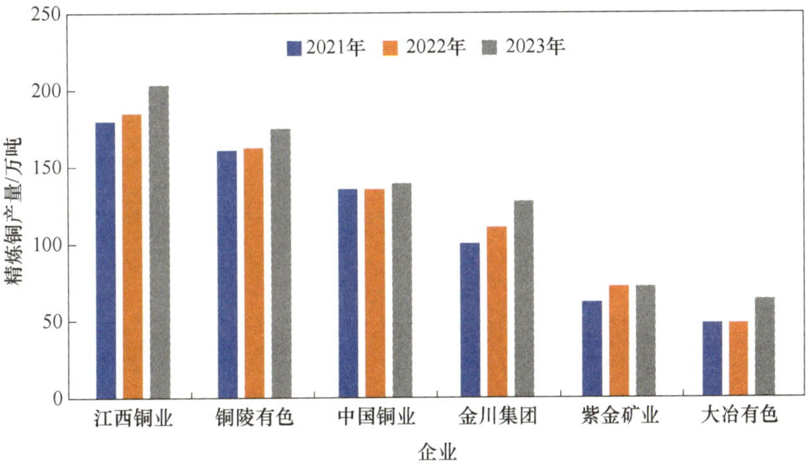

图 2-10　2021—2023 年中国主要铜企业精炼铜产量变化图

（数据来源：各公司年报、安泰科）

（二）中国粗铜、精炼铜生产工艺进展

经过多年的发展，中国在铜冶炼技术方面基本实现了由“模仿—跟跑—并跑—部分技术领跑”的转变。相较于铜产业链上下游其他环节，国内冶炼技术创新成果更加显著。

从工艺发展历程来看，早期的电炉、鼓风炉、反射炉等已经被淘汰。目前，中国拥有世界上最先进的铜冶炼工艺及各种吹炼技术。特别是近年来，铜锍连续吹炼的发展引领着世界铜冶炼工业的技术进步。

1. 引进及优化工艺发展历程

1978 年，中华人民共和国冶金工业部决定成套引进闪速熔炼技术和设备建设贵溪冶炼厂。该厂投产后通过性能考核，各项指标均达到了设计要求。在此基础上，中国在充分尊重引进技术知识产权的前提下，对引进技术进行了改善，先后建设了具有国际领先技术装备水平和产业化规模的铜陵有色、紫金矿业、金川等铜闪速冶炼工厂，实现了重大技术突破。

奥斯麦特与芒特艾萨熔炼法自中条山有色金属集团有限公司（以下简称“中条山有色”）侯马冶炼厂引进该技术投产后，2002 年云南铜业（集团）有限公司引进的艾萨炉和云南锡业集团（控股）有限责任公司引进的奥斯麦特炉也相继建成并投产。此外，中国企业在赞比亚、刚果（金）投资建设的铜冶炼厂也采用奥斯麦特/艾萨法工艺。

2005 年，阳谷祥光铜业有限公司（现阳谷建发铜业有限公司）双闪项目开工建设，设计规模为年产 40 万吨阴极铜，采取一次性规划，分步实施。一期主要是引进、消化、吸收，多种设备工艺均为首次工业应用，2008 年 4 月“双闪”铜冶炼工艺生产顺利实现达产达标，阳谷祥光铜业成为中国第一家、世界第二家采用闪速熔炼和闪速吹炼工艺的铜冶炼企业。

2009 年年初，铜陵有色启动铜冶炼技术升级改造项目，分期建设了“双闪”和“奥炉”项目。2010 年 3 月，“双闪”工程正式开工建设，设计规模为年产阴极铜 40 万吨；2012 年 12 月 18 日，工程正式建成投产；2017 年 12 月，“双闪”与“奥炉”厂区全面整合，铜陵有色成为集世界先进的集闪速熔炼、闪速吹炼、顶吹熔炼、智能数控吹炼、PC 电解、两转两吸、非衡态高浓度制酸、离子液高效脱硫工艺等各类成熟冶炼工艺技术于一体的铜冶炼企业。

2. 自主开发工艺发展历程

随着中国铜工业技术的不断创新，自主开发的铜冶炼技术也在日臻成熟。

（1）白银炼铜法。白银炼铜法是中国铜冶炼领域早期一项重要技术创新。20 世纪 80 年代，白银有色集团股份有限公司在传统铜冶炼反射炉熔炼法的基础上，自主研发了中国最早具有自主知识产权的双侧吹熔池熔炼法——白银炼铜法，并在原反射炉基础上新建了一座单日炉料处理量达到 800 吨的“白银炉”，即“白银炉”1.0 版。2009 年 10 月 10 日，“白银炼铜法”再度升级，白银有色集团公司铜冶炼污染综合治理项目——新型“白银炉”2.0 版正式建成投产，实现了 9 项关键技术创新。2023 年 9 月 27 日，智能化创新升级 3.0 版“白银炉”投产，其生产运行稳定，各项指标均达到预期。

（2）富氧底吹熔炼和水口山炼铜法。该方法最初是利用炼铅的水口山炉来处理含金和砷的硫精矿而研究的，将含金和砷的硫精矿在水口山炉中进行造锍熔炼，使金富集于锍中，形成了“造锍捕金”工艺。在铅锌冶炼方面取得试验成果后，该法于 2000 年首次应用于江西弋阳规模为 2 万吨/年铜厂，2001 年出口给越南老街冶炼厂。随后经进一步创新，将其转化成一种新的炼铜方法，于 2008 年在东营方圆有色金属有限公司（现中金岭南铜业，以下简称“东营方圆”）的第三工业园建立新装置，并完成了应用开发过程。此后，该技术在山西中条山有色、中国黄金中原冶炼厂（以下简称“中原冶炼厂”）、河南豫光铜业公司（以下简称“豫光铜业”）、五矿铜业（湖南）有限公司等近10家企业得到了推广应用。

（3）双侧吹熔池熔炼。富氧双侧吹熔池熔炼炉于2008年3月在赤峰金峰铜业有限公司建成（2010年更名为赤峰云铜有色金属有限公司），已形成完善的生产技术体系，并成功转化应用于赤峰云铜环保升级搬迁改造项目、刚果（金）卢阿拉巴铜冶炼有限公司（LCS）年处理40万吨（干）铜精矿铜冶炼项目等。广西南国铜业有限责任公司（以下简称“南国铜业”）“富氧侧吹熔炼+多枪顶吹连续吹炼+火法阳极精炼”热态三连炉连续炼铜技术，是侧吹炉和顶吹炉炉型结构和工艺技术创新的典型代表。

3. 国内火法冶炼工艺发展总结

整体来看，国内冶炼工艺不断向前发展，特别是中国第一套“双闪”冶炼工艺在祥光铜业成功应用后，一批新工艺、新技术加速涌现。氧气底吹炼铜技术在山东东营方圆建成投产的基础上，山东恒邦冶炼股份有限公司、中条山有色垣曲冶炼厂等多个底吹项目先后建成投产。2014年，首个底吹连续吹炼技术在豫光金铅公司建成，并实现规模生产。2023年，广西南国铜业“富氧侧吹熔炼+多枪顶吹连续吹炼+火法阳极精炼”热态三连炉工艺投产，产能达到40万吨/年，再次将熔池熔炼工艺技术提升至新的水平。此外，中原冶炼厂的底吹熔炼+闪速吹炼、悬浮闪速熔炼、连续侧吹、多枪顶吹、两步炼铜等具有自主知识产权的先进技术在铜行业内得到推广，有力地提升了产业整体工艺水平，也为全球铜冶炼工艺技术升级提供了借鉴，如图 2-11 所示。

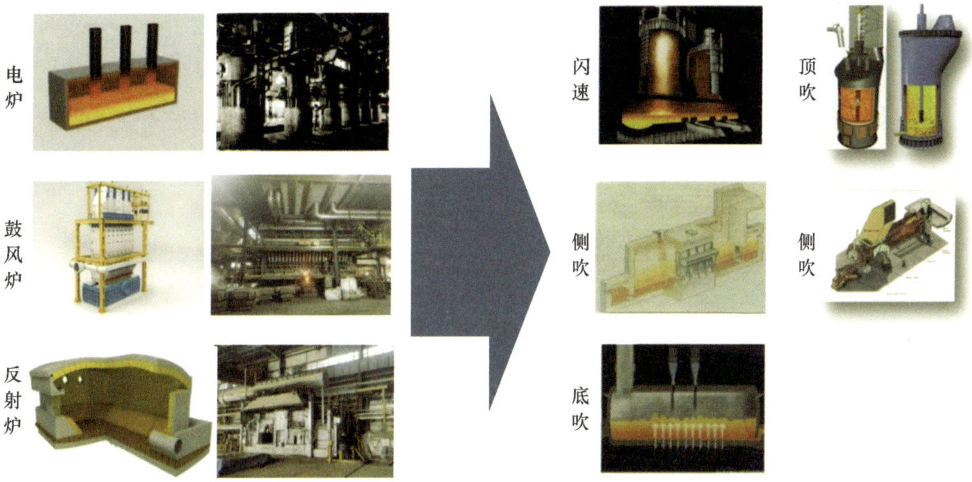

图 2-11　中国铜火法冶炼工艺转变示意图

当前，中国的铜冶炼技术正朝着智能化和绿色化方向发展，尤其是随着《有色金属行业智能冶炼工厂建设指南（试行）》《有色金属行业数字化转型实施指南》等相关文件的出台，铜行业成为智能化转型升级的主要领域之一。2022 年，大冶有色金属集团控股有限公司下属子公司阳新弘盛铜业 40 万吨/年高纯阴极铜清洁生产项目建成投产，基于智能工厂架构，集成信息化技术，开发了 15 套智能装备系统及全厂智慧中心，改变了传统的生产组织模式，在中国有色金属行业率先实现了大规模集控。可以预期的是，有色金属冶金行业向智能制造转型也必将成为一种优化资源配置、提高生产效率、彰显企业和社会效益的必然选择。

（三）中国粗铜、精炼铜生产趋势及预测

根据中国目前在建、拟建和规划中的项目数据，预计2025年国内铜粗炼和精炼产能将分别达到1093万吨/年和1575万吨/年。但到2028年以后，随着国内消费逐步接近或达到峰值平台期，以及调控政策逐步到位，冶炼产能扩张的状态会得到控制和改变，如图2-12所示。

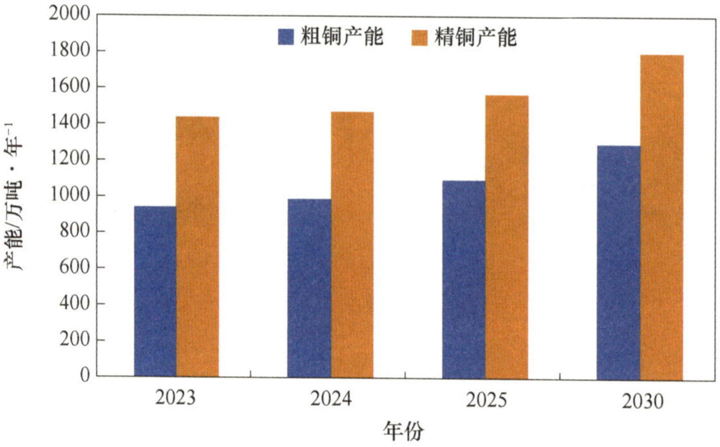

图2-12　中国粗铜精炼铜产能预测图

（数据来源：安泰科）

（四）中国铜加工产业发展现状

中国拥有全球最大的铜加工产业体系，其产能和产量均占世界的50%以上。2023年，中国铜加工已形成约3000万吨/年的产能，铜材产量达到2216万吨，连续19年位居世界第一，占全球总产量的58.6%左右，且各细分铜材品种产量均居全球首位。

1. 中国铜加工产业发展历程

新中国成立以来，党和国家一直高度重视铜加工产业的发展。1950 年，沈阳有色金属加工厂正式投产，标志着新中国第一个国营重点有色金属加工厂诞生，建立了新中国第一个铜合金分析试验室，开展铜加工材的研究、开发与生产，全面按照苏联标准组织生产，培养了中国第一代铜加工技术工人和科技人员。1956 年 1 月，上海有色金属工业公司成立，成为新中国又一铜加工基地。1960 年，洛阳有色金属加工厂（现为中铝洛阳铜业有限公司）成功生产出中国第一根半连续铸造的 QAl9-4 铝青铜铸锭，规格为 ϕ195 毫米×4260 毫米；1962 年又成功轧制出中国第一块大规格紫铜板，该板材被制成“中国人民革命军事博物馆”匾额；同年成功挤制出了中国第一根 ϕ175 毫米的 H62 大棒和 ϕ130 毫米×15 毫米的 H62 管材，满足了国防建设的需要。

改革开放以来，中国国民经济持续高速发展，工业体系日益完善，电子信息、汽车、电力能源产业快速发展，技术逐步与国外先进水平接轨，技术升级周期缩短，新产品、新技术不断涌现，产业规模不断扩大，已成为中国经济持续发展的支撑力量，也成为推动中国铜加工材品种结构不断优化、质量不断提高的动力源泉。这一时期，大量的先进工艺和设备开始从国外引进。洛阳铜加工厂从德、美、日等 12 个发达国家引进 50 多台（套）先进技术装备和仪器，建成了具有世界先进水平的高精板带生产线，成为中国第一个铜加工高精产品基地；长沙铜铝材厂 1986 年引进德、美、日、英等国先进装备，建成铜合金冷凝管生产线；北京金鹰铜业有限公司引进瑞士、德国等先进技术装备，建成中国第一条水平连铸—高精冷轧带材生产线；

上海金泰铜业有限公司引进德、法等国先进装备，建成热轧—高精冷轧板带生产线。这一期间，非公有制铜加工企业开始在中国大地上出现，这些企业日后都成为雄踞中国和世界铜加工业领域的骨干企业。这些企业包括1973年创建的江苏万宝集团、1985年创建的宁波兴业集团、1985年创建的菏泽广源铜带厂、1985年创建的新乡金龙集团、1986年10月创建的宁波金田铜业集团、1989年末创建的中国浙江海亮集团。

进入21世纪以来，中国铜加工工业进入新的发展阶段，综合实力显著提升。根据中国有色金属工业协会的不完全统计，截至2023年，中国拥有规模以上铜加工生产企业约1300家，国内主要铜加工企业产能统计如图2-13所示。

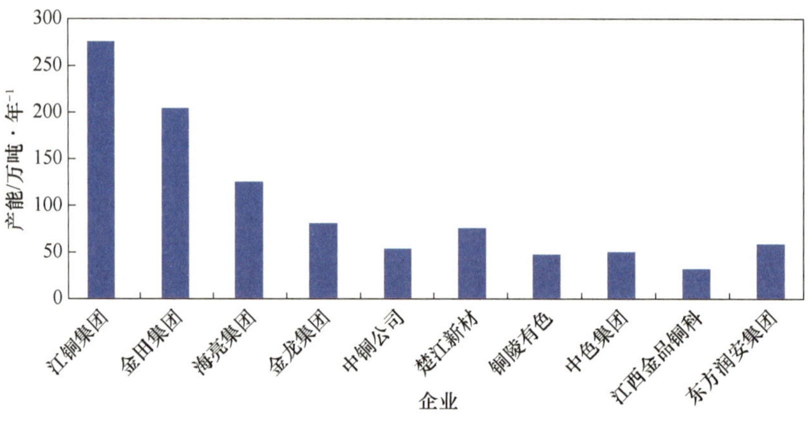

图2-13　2023年中国十大铜加工企业产能统计图

（数据来源：安泰科）

2. 中国铜加工产业特点

当前，中国铜加工产业发展具有以下特点。

（1）产业规模大，产量高。中国是全球最大的铜材生产国和消费国。近年来，中国铜加工材产量持续增长，尽管增速有所放缓，但仍保持较高的产量水平。

（2）应用领域广泛，产业链完整。中国铜加工产业链相对完整，涵盖了从铜冶炼到铜加工材生产的各个环节。这样完整的产业链使得中国铜加工产业能够更好地控制生产成本、提高生产效率，并在市场竞争中占据优势。

（3）技术进步与创新速度快。中国铜加工产业在技术和装备方面取得了显著进展。许多企业引进了国际先进的生产设备和工艺，提升了产品质量和生产效率。同时，中国铜加工产业还不断加强自主研发能力，开发出了一系列具有自主知识产权的新技术和新产品。

3. 中国铜加工材生产情况

从 2000 年开始，中国铜加工材生产量已连续 20 多年位居世界第一；从 2015 年开始，中国铜加工材产量占比达到世界总量的 50%以上。中国已经成为世界铜材最大生产国和贸易国，如图 2-14 所示。

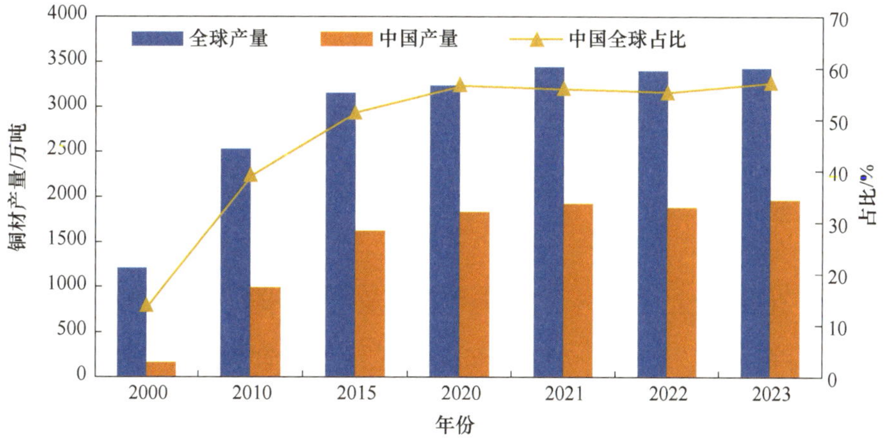

图 2-14　2000—2023 年中国及全球铜加工材产量变化图

（数据来源：安泰科）

同时，中国也是世界最大的铜材消费国。2023 年，中国铜材的表观消费量达到 1928.8 万吨，如图 2-15 所示。

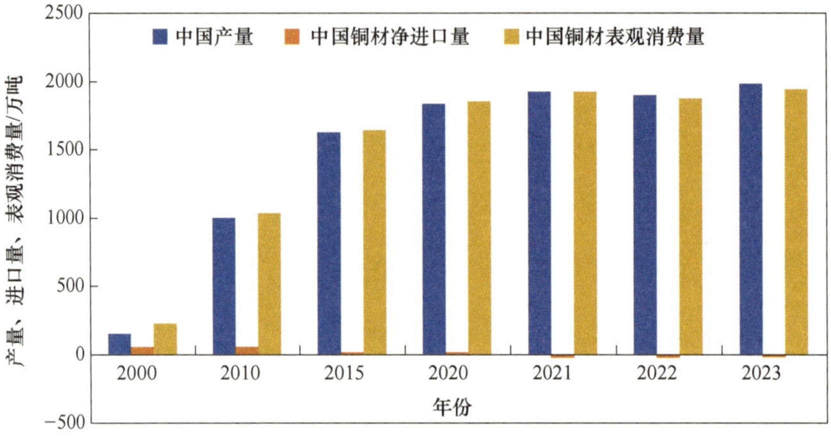

图 2-15　2000—2023 年中国铜材表观消费量变化图

（数据来源：海关总署、安泰科）

4. 铜加工材对外贸易

中国铜加工材对外贸易活跃。从 2002 年开始，中国铜加工材进出口贸易量首次突破百万吨，达到 108.95 万吨，至 2006 年达到历史高峰 164.1 万吨。随着中国铜加工材产品竞争力的增强，2021 年起，中国已成为世界铜加工材净出口国。2023 年，中国铜材对外贸易量下降至 103 万吨，其中进口量为 35.5 万吨，出口量上升到 67.6 万吨，净出口量为 32.1 万吨，如图 2-16 所示。

在对外出口产品中，中国铜管及管子附件从 2002 年开始，始终保持净出口状态，2023 年净出口量达到 30.8 万吨；中国铜板带材出口呈现较快发展势头，2023 年全年实现净出口量 2.5 万吨，首次成为铜板带净出口国。这表明中国铜板带加工技术发生了质的变化，如图 2-17 所示。

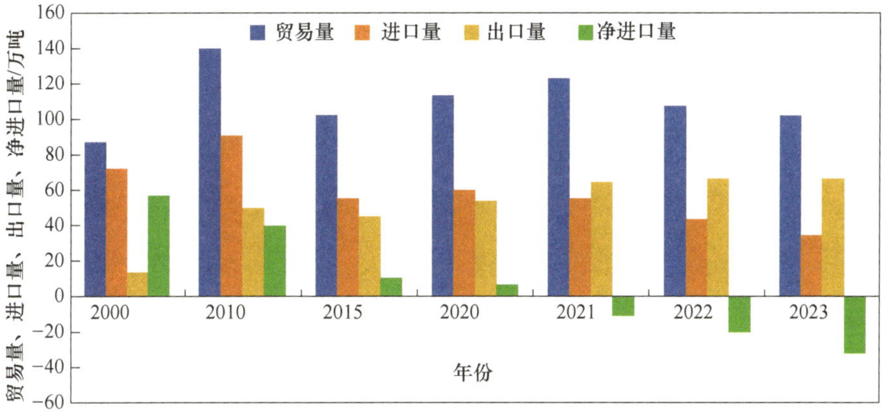

图 2-16　2000—2023 年中国铜加工材对外贸易量变化图

（数据来源：海关总署、安泰科）

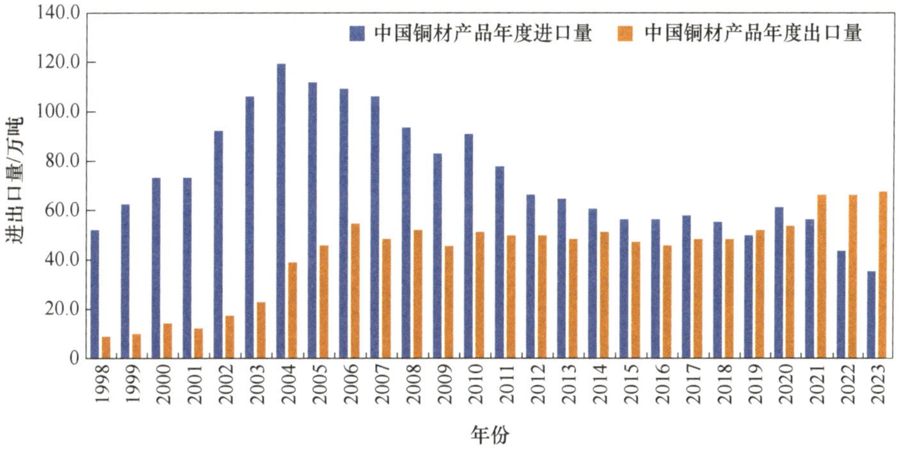

图 2-17　1998—2023 年中国铜材产品进出口量变化图

（数据来源：海关总署、安泰科）

（五）中国铜加工产业未来发展趋势

1. 中国铜加工产业换挡进入中低速增长期

中国铜加工材行业已经从高速换挡进入中低速增长的通道中。经过多年的持续快速增长和产业不断升级，中国铜加工材具备了较为完整的产业链条，并形成了与电力、电器、计算机、家电、仪器仪表、仪控机械、医学、光学、军工、航空卫星、交通运输、汽车制造、建筑等众多相关下游消费领域的配套体系。近年来，受新能源、智能制造和高新电子等产业的快速发展带动，铜板带、铜箔、铜线等相关产品需求表现明显好于电力、房地产、基础设施建设等传统消费类领域需求，但这些新兴领域更加注重质量的提升。

综合2015年以来的总体表现看，中国铜加工材行业的发展已经走过了快速增长时期，未来消费增长正处于大基数下稳中求进的中低速增长的区间。

2. 中国铜加工进入转方式、调结构、促升级的发展新阶段

近年来，中国铜加工产业的国际地位不断巩固，生产能力不断扩大，应用领域不断拓展，国产化水平不断提升，整个行业呈现出蓬勃发展的良好态势，尤其是高质量发展的步伐日益坚定。但中小铜加工企业仍然存在特色不突出、同质化竞争激烈、品牌影响力不够、订单不饱满、产能开工率不高、创新驱动偏弱等问题，满足高端化、多样化、个性化需求的能力不足，同时也将面对“双碳”目标下较为严峻的考验。为了更好地适应供给侧结构性改革与新一轮科技革命和产业革命的需要，中国铜加工行业需要持续提高企业创新研发能力，尽快进入高端发展赛道，积极推动产业结构调整，不断壮大行业竞争力，强化品牌影响力，提高头部企业综合实力。

按照工信部发布的《原材料“十四五”发展规划》和国家发展和改革委员会发布的《产业结构调整指导目录》等相关产业发展指导政策看，未来铜基新材料是铜加工行业发展的重点。

其中，高强高导与高强高弹铜合金带材、高性能铜合金超细丝材、大口径高耐蚀铜合金管、无铅铜合金棒和超薄铜箔等产品，满足海洋工程（包含海水淡化等）、轨道交通（包括高铁和城市轨道）、新能源、电子信息等行业的高端需求增长，中国铜加工产业发展将向高端产品领域过渡。

3. 中国铜加工材国际竞争力不断增强

中国铜加工行业的产销关系和产业布局已经形成稳定的发展格局。中国铜加工材不仅总体能够满足国内需求，其产品出口也呈现逐年增长的趋势，净出口量屡创新高。长期以来，中国铜管及管子附件一直是铜加工材净出口的优势产品，凭借规模与质量优势领跑全球。近年来，在新能源和电子信息产业快速发展的推动下，中国铜箔、铜板带等优势产品的国际竞争力逐步提升，得到国际终端客户的广泛认可，出口量持续增加，充分显示出中国铜加工产业国际竞争力的显著增强。

预计未来，中国铜加工产业将继续保持稳中有进的发展态势。技术创新驱动产品升级，终端需求促进产品多元化，市场竞争实现产业结构优化将成为中国铜加工产业在全球立足并实现可持续发展的关键因素。

三、中国再生铜回收与处理现状及未来发展趋势

进入 21 世纪以来，中国再生有色金属产业发展势头良好，已成为保障国家资源安全的重要力量，同时也是实现碳达峰、碳中和目标的重要保障措施。然而，中国再生铜工业正处于政策红利期与标准化调整期的双重叠加阶段。本节聚焦国内废

杂铜回收体系现状，总结再生铜回收技术的发展；对“十四五”期间再生铜供应量进行量化分析，并评估再生铜原料供应潜力。

（一）中国国内废杂铜供应现状

1. 中国废铜回收量

中国在自产废铜供应方面，“小而散”是废铜回收行业的显著特点。全国各地的回收类企业大多为私营企业，单体回收规模普遍较小，因此目前国内外尚无任何一家机构能够准确评估全国及各地区的含铜工业固废和废铜回收量、供应量等数据。此外，不同机构统计的中国国内废铜供应量数据差异较大，最多可相差一倍以上。

根据中国有色金属工业协会统计及安泰科调研，并结合上游及终端各项数据推算，近年来中国再生铜产量保持较快增长。2023 年再生铜产量约为 410 万吨，较 2010 年翻了一番，约占国内铜消费量的 28%。其中，国内废铜原料回收量约为 240 万吨，如图 2-18 所示。

2. 中国废铜原料构成

中国废铜原料分为“新废料”和“旧废料”。“新废料”是指铜加工生产过程中产生的边角余料和残次品，约占国内回收量的 15%；“旧废料”是指铜产品报废后回收的废铜，主要来源包括报废电线电缆、废弃电器电子设备、报废汽车等，约占国内回收量的 85%。进口废铜原料方面，主要为经过处理的高品质回收原料（金属含铜量 97%以上），大部分来自马来西亚、美国、日本、泰国、中国香港等地。随着国内铜产品报废量的

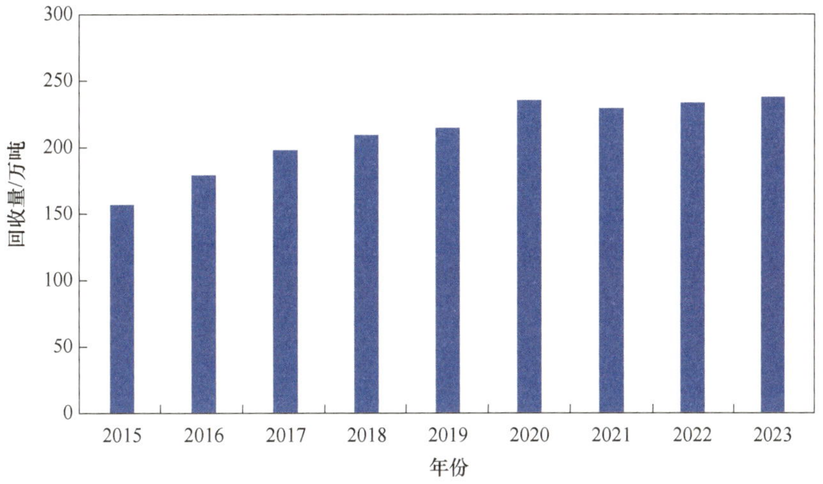

图 2-18　中国国内废铜原料回收量变化图
（数据来源：中国有色金属工业协会（CNIA）、安泰科）

逐步增加，预计 2025 年中国再生铜产量将达到 470 万吨以上。综合来看，完善再生铜产业链、推动废铜资源的充分利用，符合国家的产业政策。未来中国废铜资源回收产业将会向集约化、专业化方向发展。

3. 中国废铜原料进口现状

自 2000 年起，在中国工业化实力迅速增强、需求不断增加的大环境下，国内对废铜的需求快速上升，进口废铜数量也随之增长。直至 2015 年，随着国内环保要求不断提高，中国的进口废铜数量出现下降。2021 年，《铜及铜合金废料》（GB/T 13587—2020）标准颁布实施后，中国进口废铜重新增长，尽管进口实物量未能恢复到 2018 年及以前的水平，但含铜量明显提升，折算成金属量后，进口量基本恢复到了此前水平，如图 2-19 所示。

进口来源地方面，中国进口的废铜来源国（或地区）众多。根据海关部署进口国别统计，进口数量相对集中在经济较

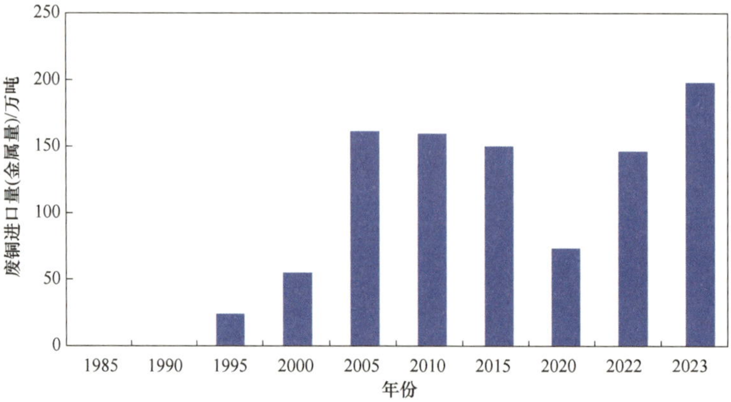

图 2-19　中国废铜进口量变化图

（数据来源：海关总署、安泰科）

发达国家或地区，如美国、日本、欧洲及中国香港等。近年来，随着全球再生资源产业布局的变化，从马来西亚等东南亚国家的进口数量急剧增加，见表 2-2。

表 2-2　中国废铜（再生铜原料）主要进口来源地统计（实物量）

（万吨）

2005 年		2010 年		2015 年	
来源	量级	来源	量级	来源	量级
日本	187.5	美国	78.9	美国	68.7
中国香港	45	西班牙	59.9	中国香港	55.3
比利时	32.6	澳大利亚	55	澳大利亚	37.7
小计	265.1	小计	193.8	小计	161.7
总量	482.1	总量	436.4	总量	365.8
2020 年		**2022 年**		**2023 年**	
来源	量级	来源	量级	来源	量级
马来西亚	28.6	美国	32.1	美国	36.2
日本	24	日本	24.6	日本	28.6
美国	23.9	马来西亚	20.2	马来西亚	19.8
小计	76.5	小计	76.9	小计	84.6
总量	169.2	总量	177.2	总量	198.6

数据来源：海关总署、安泰科。

从国内分省（区、市）废铜进口量来看，浙江、广东、江西、天津是国内主要的进口地，四地合计进口量占到全国进口总量的90%以上。

另外，值得强调的是，部分废铜的进口方式是在海外直接熔铸为铜锭再进口，在海关并不统计为“铜废碎料”。

（二）中国再生铜生产工艺技术及发展趋势

目前，中国再生铜生产工艺技术与全球主要发达国家的再生铜生产工艺技术类似，主要包括直接利用和间接利用两种方式，但由于再生原料来源和成分较为复杂，同时考虑到冶炼冷料的需求，直接利用比例明显低于发达国家。

1. 预处理工艺

20世纪90年代末，随着进口铜废料和国内含铜废料的增加，含铜废料的预处理工艺才开始发展起来。采用人工或机械将废杂铜分为特种紫杂铜、二号紫杂铜、黄杂铜，其中黄杂铜可以按照牌号进行分类，然后分别利用，成分纯净或分类清晰的铜合金直接利用，含铜品位较低的废铜则间接利用，针对铜废料的种类，预处理工艺也不尽相同。

（1）废电线电缆的预处理。20世纪90年代末期，国内一些企业开始引进铜米机来处理较细的电线，可以得到基本纯净的铜米粒和塑料。其中低品位的铜米需要通过精炼，而高纯度的铜米可直接生产低氧光亮铜杆。目前中国已实现了铜米机的国产化，并大量推广应用。

（2）废电机的拆解。废电机中含铜量一般为7%~8%，高的可以达到15%以上，是回收铜的重要资源。由于废电机拆解难度较大，因此拆解大部分还是靠人工进行，劳动强度大。2014 年，台州齐合天地金属有限公司对废电机的拆解进行了自动化分选的尝试，建成了一条半自动化中小型电机拆解处理线；2015 年，又建成了多条废电机拆解处理线，虽然此生产线还需要部分人工进行分选，但在很大程度上降低了工人的劳动强度、提高了生产效率。

除以上废电线电缆和废电机的预处理工艺以外，废印刷线路板、废五金电器、废家电等含铜资源的预处理技术在 21 世纪都得到了一定的发展，但对于复杂的机械、电气和电器设备，目前的预处理工艺仍然以人工拆解为主。

2. 间接利用工艺技术

20 世纪 90 年代，中国杂铜冶炼主要采用反射炉、转炉、鼓风炉三种设备，根据原料品位高低、杂质含量及工厂条件的不同，选用一段法、二段法或三段法。国内多数工厂主要采用固定式反射炉处理。反射炉的规模一般为 50～120 吨不等，其优点是工艺成熟、投资省；缺点是热利用率和生产效率低、工人劳动强度大、环保效果差。

随着中国经济快速发展，综合国力逐渐增强，在政府的大力支持下，有色金属行业在技术装备、企业资金实力及科技创新能力等方面都得到了大幅提升。再生铜工业作为有色金属行业的一个分支，通过引进国外先进技术、自主创新研发新型熔炼装备（如改进型阳极炉、倾动炉、回转式阳极炉和 NGL 炉等炉型），使其在行业得到推广应用。此外，卡尔多炉等先进的国外熔池熔炼技术也被采用，使中国再生铜工艺技术水平迈上了一个新台阶，逐渐成为中国整个铜工业的重要组成部分。

（1）改进型阳极炉工艺。进入 21 世纪后，针对原有固定式阳极炉在设计上的缺陷及生产工艺的变化，为满足含铜废料回收利用的需求，对固定式阳极炉进行了改进。改进后的固定式阳极炉被命名为改进型阳极炉。

（2）倾动式精炼炉工艺。倾动式精炼炉结合了固定式反射炉和回转式精炼炉的优点，是处理废杂铜的理想炉型。2001 年，江西铜业贵溪冶炼厂引进了瑞士麦尔兹炉窑公司（Maerz Ofenbau AG）的倾动式精炼炉，用于处理含铜品位在 92%以上的废杂铜，成为国内首家使用倾动炉处理废杂铜的企业，标志着中国废杂铜冶炼工艺技术升级的开始。

（3）卡尔多炉工艺。卡尔多炉由瑞典波立顿公司（Boliden Mine）发明，可处理的物料包括铅精矿、铜精矿、铅尘、铅渣、废铅蓄电池、浮渣、低品位废杂铜、废电子元件、阳极泥、铜/镍冰铜等。2007 年，江西铜业贵溪冶炼厂从瑞典波立顿公司引进了一台卡尔多炉，用于处理低品位含铜废料。

（4）NGL 炉工艺。NGL 炉由中国瑞林工程技术有限公司开发，具有自主知识产权，是一套专门用于精炼废杂铜的成套工艺及装备。2010 年以来，NGL 炉精炼废杂铜成套工艺及装备分别在山东金升有色集团有限公司和江西科力铜业有限公司实现了大规模工业化应用。

3. 直接利用工艺

直接利用废铜生产铜材，其建设周期短、节约资源、金属回收率高，同时能够综合利用合金成分，被中国铜材加工企业广泛采用。由于铜及铜合金再生资源品种繁多，工艺技术路线各异，其中铜杆和黄铜合金是直接利用最主要的两大类。

（1）铜杆工艺发展历程。20 世纪 70—90 年代，中国一些企业利用紫杂铜生产铜线杆，采用 2 号紫杂铜加入反射炉中熔炼，进行氧化还原处理，然后铸成铜线锭，再经加热炉加热，轧制成铜杆，此种铜杆表面氧化，称为黑杆。

20 世纪 80 年代末期，一些有能力的企业通过自主研发设计，开发出了国产连铸连轧生产线。例如，1987 年，国内第一条由上海冶炼厂、南昌有色冶金设计研究院、北京钢铁设计院共同研制开发的连铸连轧生产线投产，该生产线采用废电线电缆经过固定式反射炉熔炼的方式生产铜杆。随后四川德阳东方电工精密机电设备有限公司、合肥神马科技集团有限公司、湖南汇智科技发展有限公司等企业也相继开发并生产出铜线杆连铸连轧生产线。

2007 年，江钨集团赣州再生铜项目开工建设，标志着由西班牙 La Farga Lacambras S. A 公司与意大利 Continuus-Properzi S. P. A 公司合作开发的火法精炼高导电铜（FRHC）技术正式引入中国。该项目以含铜量 92%以上的紫杂铜为原料，通过连铸连轧直接生产低氧铜杆，产品质量可以满足中国中高导电铜标准。

（2）黄铜合金发展历程。20 世纪 90 年代之前，中国的黄杂铜基本被用于生产电解铜，直接利用较少。当时废黄铜的直接利用普遍采用坩埚炉进行熔炼，这种炉型烟气治理设施差，环境污染严重，且无法实现大规模生产，仅适用于小作坊式的生产模式。

20 世纪 90 年代末期，采用两段法或三段法处理废黄铜的方式逐渐被黄杂铜的直接利用所取代，利用分类清晰的废黄铜生产黄铜棒材、带材等。炉型多采用工频电炉，将黄杂铜先加工成铜棒、铜坯等产品，再进一步加工成其他铜合金产品。

2005 年，为满足市场需求，宁波金田铜业集团开发了大吨位电炉熔炼—潜液转流—多流多头水平连铸生产黄铜棒的技术和设备，实现了黄铜合金熔炼与铸造环保生产的理想状态。该技术使生产效率比传统方法提高十余倍，技术水平达到国际领先，被同行称为“金田法”，并荣获中国有色金属工业科技进步奖一等奖。

经过几十年的快速发展，中国含铜废料的利用工艺在技术水平、设备先进性、节能环保等方面均取得了巨大进步。从全球再生铜的利用情况来看，直接利用的比例较高。中国废杂铜直接利用技术还有较大的发展潜力，预计未来几年国内废铜直接利用数量还会增加。

（三）中国废铜未来供应量预测

未来，中国废铜总供应量趋于增加。从具体结构来看，进口量将受到一定抑制，很难持续增长，短期稳中有增，中长期则可能趋于减少。而国内废铜回收未来有望逐步成为供应的主要来源。21 世纪初，中国超过美国成为全球第一大精炼铜消费国。此后，经过约 10 年的消费高速增长期，已经形成了十分可观的社会积累量。根据模型估算，国内精炼铜消费峰值将在 2030 年左右出现。结合终端产品的回收年限，这意味着未来中国将成为世界上最大的废铜产生国。至少在未来 30～40 年内，可供回收的废铜量都相当可观，并将逐步达到高峰且维持较长时间。

预计到 2030 年，国内废铜总供应量或将达到 500 万吨以上的水平，国内废铜回收将逐渐超过进口废铜。

（四）中国再生铜未来发展趋势

1. 再生铜原料占比逐步提高

随着国内废铜供应总量的增加，以再生铜为原料的产品生产利用也将呈现逐年增加的趋势。考虑到中国制造业的崛起及“双碳”目标对铜工业节能减排要求的提高，再生铜工业将进入新的发展阶段。因此，废铜原料供应流向将逐渐向附加值相对较高的铜加工材和冶炼端倾斜（见图 2-20 和图 2-21）。

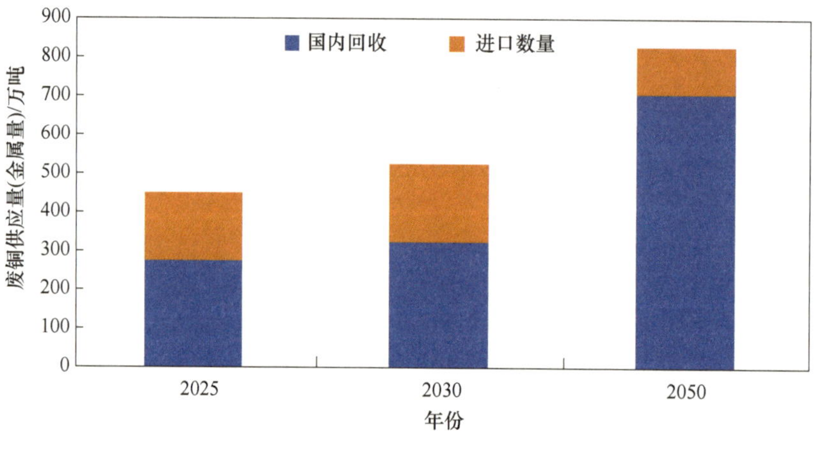

图 2-20　国内废铜供应量预测图

（数据来源：CNIA、安泰科）

2. 产业呈现集群化发展模式

随着经济发展，目前国内已经逐步形成了以民营企业为主体、大型企业为龙头、中型企业为基础的产业格局，并在长江

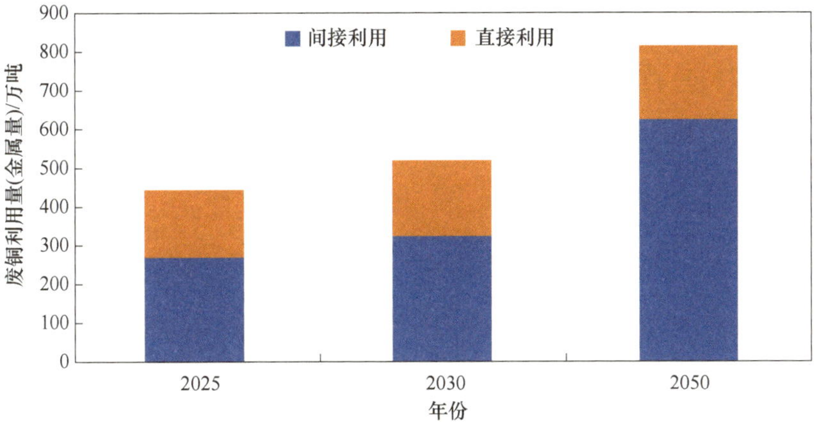

图 2-21　国内废铜利用量预测图

（数据来源：CNIA、安泰科）

三角洲、珠江三角洲、环渤海地区形成了 3 个再生铜产业链集聚区。建立了从回收、进口拆解到加工利用的完整产业链，并形成了两类废杂金属集散地：一类是以在浙江台州、宁波，广东南海、清远，天津静海等对外开放程度较高的地区为代表，这些地区以进口废料为主；另一类是以山东临沂、湖南汨罗、河南长葛、辽宁大石桥等具备产业基础和交通便利的地区为代表，这些地区以国内回收为主。

3. 海外废铜进口逐步达到峰值后转为下降

2020—2024 年，中国进口废铜量的增长主要得益于海外废铜积蓄量的集中释放。预计在 2025—2030 年期间，中国进口废铜所含金属量将会达到峰值，之后随着全球铜资源供给缺口扩大，以及海外废铜积蓄量开始减少，欧美等发达国家将会更加重视资源的循环利用，从而减少废铜出口，导致中国废铜进口量逐渐下降。

四、中国精炼铜消费现状及趋势

目前，中国是全球精炼铜消费的第一大国，占全球消费量的50%以上。虽然2012年以后中国精炼铜消费增速开始放缓，年增速从两位数降至个位数，但仍是全球精炼铜消费增长的主要驱动力量，这种局面在未来十年内不会改变。本节通过历史数据回溯，解构新兴领域对消费的拉动效应；综合预判未来中国铜消费趋势特点。

（一）中国精炼铜消费演变

新中国成立后，党和国家高度重视铜工业建设，推动中国铜工业实现了长足发展，为产业不断壮大奠定了坚实的基础。特别是改革开放以来，中国贯彻以经济建设为中心的发展方针，随着国民经济持续快速增长，国内铜消费需求旺盛，为中国铜工业发展提供了良好机遇。通过充分利用国内国际两个市场，中国铜工业一方面自身不断奋斗进取，另一方面广泛开展国际合作，促使产业发展上了一个新台阶。

中国精炼铜年消费量突破第一个100万吨经历了47年（1949—1995年）；进入20世纪90年代中期以后，随着国民经济发展加快和铜消费政策放开，国内铜消费开始迅速增长，年消费量突破第二个100万吨仅用了5年（1996—2000年）；年消费量突破第三个100万吨仅用了3年（2001—2003年）。进入21世纪以后，中国进入工业化和城镇化的高速发展阶段，对原材料的需求日益强烈，成为带动全球铜消费增长的最主要引擎。其间的2002年，中国精炼铜消费量达到268万吨，超越美国跃居世界第一，此后一直保持全球精炼铜最大消费国的地位，如图2-22所示。

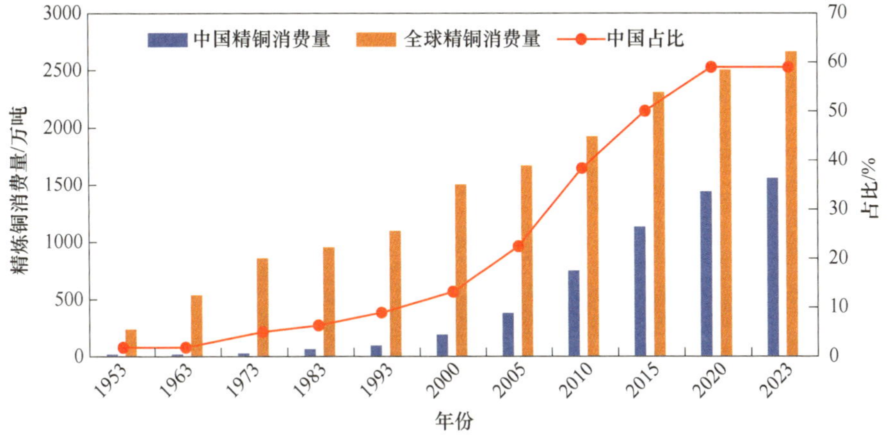

图2-22　1953年以来全球及中国精炼铜消费量变化图
（数据来源：安泰科）

（二）中国精炼铜消费结构

由于处在经济发展的不同阶段，统计方式也有所差异，中国的精炼铜消费结构与发达国家存在较大差别。国内以电力行业为主的用铜需求，得益于工业化快速发展的推动。电力行业的大量投入促使该领域用铜量高速增长。电力行业不仅是拉动国内铜消费最重要因素，也是国内铜消费量最大的行业，2023年占比约为50.3%。

此外，随着国内制造业的迅速发展以及国外加工制造业向中国的转移，中国已成为全球最大的家电加工制造和出口国。同时，城镇化进程的推进也使中国成为全球最大的家电产品需求国。作为全球最大的空调制冷产品生产国和出口国，空调制冷产品的铜需求量很大，因此空调制冷行业的用铜量仅次于电力行业，2023 年占比约为 14.5%。

其余主要消费领域包括交通运输、电子、建筑及其他行业等，2023 年占比分别为 10.8%、8.5%、7.2%和 8.7%不等，如图 2-23 所示。

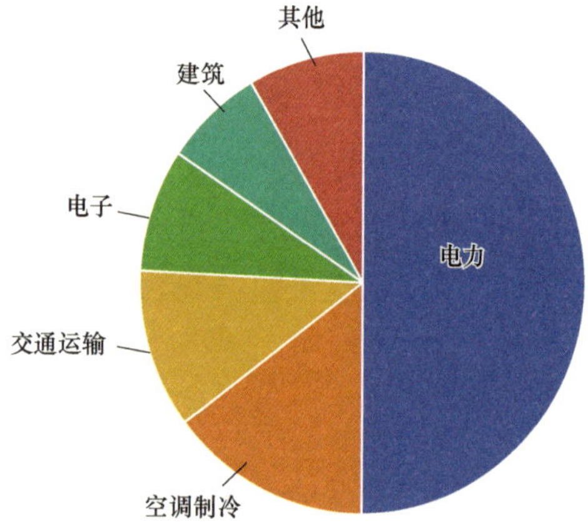

图 2-23　2023 年中国精炼铜消费结构示意图

（数据来源：安泰科）

（三）中国精炼铜消费趋势

随着“碳达峰”和“碳中和”的推进，预计中国清洁能源领域的铜消费将持续增长。然而，一些传统行业如基础制造业、传统电网相关行业及房地产行业的铜消费需求面临增速放缓甚至下滑的风险。同时，未来铜的需求将更多从满足普通制造业的基本需要转向支撑战略性新兴产业发展。对战略性新兴产业和国防科技发展而言，对包括铜在内的有色金属材料的需求重点已不再是数量，而是产品的性能和质量。这将促使国内精炼铜的消费结构逐步发生变化，“新风光（新能源汽车、风电、光伏）”等领域的需求比例预计将有所提升。

从消费结构来看，预计未来空调、建筑等行业用铜占比将趋于减少。与“新风光”领域相关的电力行业整体占比或将保持平稳（受益于风电和光伏发电的增长，但受限于传统电网）。交通运输行业的用铜量占比则有望提升（得益于新能源汽车及充电桩等相关领域的快速发展）。此外，互联网和算力人工智能（AI）等领域的进步及战略性新兴产业的发展，有望进一步增加相关行业的用铜占比。

从消费规模来看，根据现有模型测算，国内精炼铜消费将在2027—2030年达到峰值平台期，之后将长时间维持在峰值平台附近一定幅度的波动，如图2-24所示。

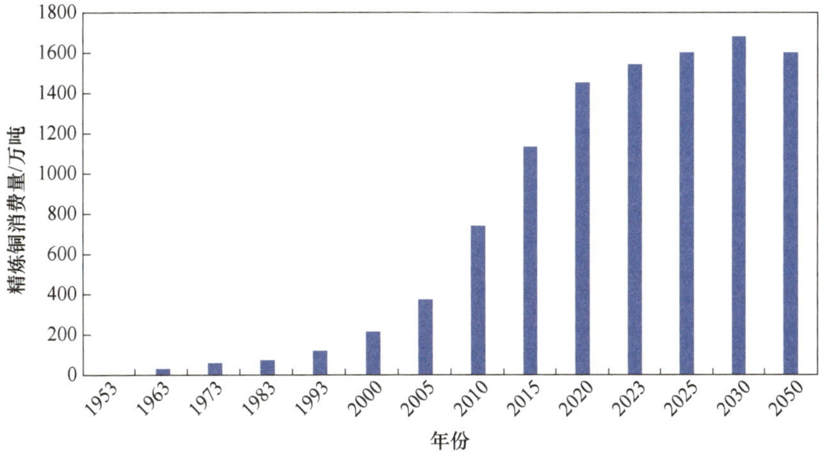

图2-24　中国精炼铜消费量及预测图

（数据来源：CNIA、安泰科）

五、中国铜工业未来发展特点

本节通过分析未来中国铜工业发展特点，如集群化发展、协同创新、绿色智能转型、两化融合等趋势，揭示中国铜工业从“资源依赖”到“高端化发展”的战略升级路径。

（一）铜工业集群化发展，在全球铜产业链中地位进一步提高

进入21世纪以来，中国铜工业始终把产业结构调整放在突出位置，通过不断优化要素配置，推动产业走上高质量发展的道路，全面增强了产业实力。特别是党的十八大以来，中国铜工业围绕提升发展的质量和效益，按照国家的统一规划部署，在地方政府和行业龙头企业的共同努力下，形成了一批具有特色的产业集群。这些产业集群在引领行业创新发展、构建区域经济支柱、培育企业竞争优势、推动产业向先进制造迈进等方面发挥了重要作用。围绕江西鹰潭、安徽铜陵、湖北大冶等铜冶炼中心，已经出现铜加工聚集发展的态势。

（二）创新能力进一步提升，为中国铜工业高质量发展提供保障

进入21世纪以来，中国铜矿山采矿、冶炼、加工等技术取得了重大进展。在企业、高校和科研院所、设计单位的共同努力下，中国铜工业工艺技术总体达到国际先进水平。

（1）矿山方面：矿山回采作业向高分层、高分段、高阶段发展；铲运机等自动化设备使用更加普遍；充填工艺已发展成为完整体系，废石胶结充填、全尾砂胶结充填、膏体泵送充填、赤泥胶结充填等技术取得成效，解决了原有充填料浆浓度低、效率低、成本高等问题。矿块崩落法成为贫矿大规模开采的首选采矿方法，并在山西中条山铜矿峪铜矿、云南普朗铜矿得到应用。

（2）冶炼方面：中国铜冶炼正向大型化、绿色化、智能化方向发展。连续吹炼技术逐步成为主流技术，综合能耗持续降低，综合利用水平稳步提高，原料适应能力大幅拓宽。

（3）加工方面：近几年中国的加工材工艺技术和产品性能都得到了长足进步。高端引线框架、汽车电子连接器带线材、4~6 微米电解铜箔等中高端产品实现了进口替代。国产装备进口替代成果显著，在熔铸、热轧机组、粗轧机组、自动清洗线等领域取得突破。未来中国铜加工行业将通过数字化、智能化转型，采用先进生产设备和工艺，推动铜加工材产业由中低端向中高端转型升级。

（三）绿色智能发展成为中国企业参与全球竞争的必由之路

1. 中国铜冶炼工艺将进一步朝着大型化和短流程方向发展

目前国内大型侧顶吹连续炼铜和短流程炼铜工艺已取得突破，并在多家骨干铜冶炼企业中得到应用。该技术具有工艺流程短、冶炼渣量少、能耗低、金属收率高的特点。未来，中国铜冶炼工艺将进一步朝着大型化、连续化、短流程和集约化方向发展。

2. 主要产品能耗进一步下降，生产过程向超低排放迈进

随着中国冶炼技术的不断进步，铜冶炼过程将更加高效。例如，采用先进的熔炼技术和炉型设计，可显著提升熔炼效率和金属收得率，从而缩短生产时间和降低能源消耗。此外，人工智能和大数据技术的应用将推动铜冶炼过程实现更高级别的自动控制和系统优化。通过智能传感器和在线监控技术，实时

监控冶炼过程参数和金属成分，能够实现自动化调整和控制，进一步提高生产效率。

3. 可再生能源消纳比例大幅提升，“零碳”工厂逐步出现

根据工信部等三部委发布的《工业领域碳达峰实施方案》提出的目标要求，有色金属行业积极推动可再生能源的开发利用，预计未来可再生能源消纳比例将持续上升，部分骨干企业有望实现“零碳”排放。

（四）推进两化深度融合，促进原料大国向材料强国转变

当前互联网、云计算、大数据、电子商务等信息技术快速发展，正在改变许多传统行业的发展格局，并深刻影响经济、社会及人民生活的方方面面。未来，数字化、智能化技术将在铜的全产业链中深度应用。铜矿山、冶炼、加工企业将开展基础网络、基础自动化、管理信息化改造升级，实现企业的数字化、网络化、智能化转型。行业龙头企业也将打造一批智能矿山、智能工厂和典型应用场景，发挥先进典型的带动作用，加速新技术、新装备、新模式的推广应用。面向关键设备故障诊断、生产过程控制、安全环保智能管理的AI模型将被开发，最终推动人工智能（AI）技术与铜行业的深度融合应用。

第三章
中国骨干铜企业

根据上下游关系，铜产业链主要分为矿山采选、冶炼和加工三个环节。从产业链的参与程度来划分，中国的骨干铜企业主要可以分为“铜矿采选（为主）型”“全产业链型”“冶炼（为主）型”及“铜加工（为主）型”四类企业。本章聚焦中国铜产业链的核心参与者，通过分类解析典型企业的发展模式与战略路径，揭示中国铜工业的微观动力。

一、铜矿采选（为主）型企业

铜矿采选（为主）型企业虽然也涉及冶炼或加工等业务，但其主要业务活动包括对铜矿资源的勘探、开采、选矿等环节，以生产出符合冶炼或其他工业需求的铜精矿，主要利润来源于矿山开发和采选。

此类企业以中国五矿集团有限公司（以下简称“中国五矿”）和紫金矿业集团股份有限公司（以下简称“紫金矿业”）为代表。其中，中国五矿在亚洲、大洋洲、南美洲和非洲等地均拥有矿山；紫金矿业在境内外拥有多个矿业投资项目，特别是2023年紫金矿业的矿产铜产量达101万吨，成为亚洲唯一一家矿产铜产量突破百万吨的企业，跻身全球矿业企业第一梯队。

（一）中国五矿集团有限公司

1. 企业概况

中国五矿成立于1950年，是以金属矿产为核心主业、由中央直接管理的国有重要骨干企业，也是国有资本投资公司试点企业。2023年，中国五矿在世界500强排名65位，总部位于北京。中国五矿在亚洲、大洋洲、南美洲和非洲等地共拥有境内外矿山 38 座，其中海外矿山 15 座。2023 年，中国五矿旗下矿山合计铜产量（金属量）约 37 万吨。图 3-1 所示为五矿铜业冶炼厂。

图 3-1　五矿铜业冶炼厂

五矿有色金属股份有限公司是中国五矿从事海外资源开发和有色金属贸易的子公司，旗下邦巴斯铜矿、杜加尔河锌矿等世界级矿山运营稳定，铜、锌资源量、产量居世界前列。2023 年，公司营业收入 1072 亿元，资产总额 1009 亿元，利润总额 20 亿元，员工 6514 人。

2. 国内外产业布局及发展质量

中国五矿在湖南省衡阳市拥有五矿铜业（湖南）有限公司，采用富氧底吹熔池熔炼技术，冶炼厂设计精炼铜产能 15 万吨/年。

中国五矿在海外拥有秘鲁拉斯邦巴斯（见图 3-2）、刚果

(金) 金赛维尔 (见图 3-3)、博兹瓦纳科马考等多个大型在产铜矿，并在秘鲁、阿富汗、巴基斯坦等多个国家拥有大型待开发铜矿项目，其分布情况见表 3-1。

图 3-2　秘鲁拉斯邦巴斯铜矿

图 3-3　刚果 (金) 金赛维尔铜矿

表 3-1　中国五矿国内外铜产业分布情况

类别	名　称	地　点
铜矿山	拉斯邦巴斯铜矿	秘鲁阿普里马克大区
	金赛维尔铜矿	刚果（金）加丹加省
	科马考铜矿	博茨瓦纳恩加米兰区
	罗斯伯里多金属矿	澳大利亚塔斯马尼亚州
铜矿山	山达克铜金矿①	巴基斯坦俾路支斯坦省
	锡亚迪克铜矿（绿地）	巴基斯坦俾路支斯坦省
	艾娜克铜矿（绿地）	阿富汗卢格尔省
	格兰诺铜矿（绿地）	秘鲁卡哈马卡大区
	艾卓湖多金属矿（绿地）	加拿大努纳武特地区
	柏坊铜矿	湖南省衡阳市
铜冶炼	山达克铜冶炼厂	巴基斯坦俾路支斯坦省
	五矿铜业（湖南）有限公司	湖南省衡阳市

①山达克铜金矿由中国五矿旗下中冶铜锌公司采用租赁经营方式实控。

中国五矿充分发挥集团内矿冶院、矿山院、中国恩菲等科研和设计单位的技术优势，在所属矿山优先引入“中国科技因素”，推动先进研究成果的应用；在邦巴斯矿山成立技术创新中心，在金赛维尔矿山新建中央实验室，集聚国内外矿产资源领域优秀科技力量与创新资源，构建全产业链的协同合作机制，实现旗下矿山资源的高效开发。

中国五矿专注于构建大规模、长寿命、低成本的世界级矿产资源组合，努力建立高效的矿山建设开发运营体系；聚焦增产量降成本，打造“效益引擎”。通过将物联网、云计算、人工智能、数字孪生等新一代数字化技术与现代矿山开发技术融合，中国五矿实现矿井开拓、采掘、运输、洗选、安全保障、生态保护、生产管理等全过程智能化运行，打造本质安全、绿色高效的智慧矿山。2022 年，邦巴斯矿山数字化转型计划荣获秘鲁国家矿业、石油和能源协会（SNMPE）举办的“矿业、能源行业信息科技革新奖”第一名。

中国五矿对矿山勘探工作持续投入，通过科技引领，精准识别重点靶区，在增储方面取得了丰硕成果：2024 年，邦巴斯矿山确认增加铜资源量 250 万吨，科马考矿山新增铜资源量 70 万吨，其他所属矿山也均有不同幅度的金属资源量增长，为各矿山长期运营奠定了坚实的资源基础。

展望未来，中国五矿将继续深耕铜矿产资源开发，有序推进旗下科马考铜矿二期扩建，以及艾娜克铜矿、锡亚迪克铜矿等多个项目的开发，为我国铜资源保障贡献五矿力量。

3. 社会责任及发展愿景

中国五矿聚焦“碳达峰”“碳中和”及“双循环”新发展格局，积极拓展新标准、新技术、新能源、绿色化、数智化等领域，持续推动多行业向智能、高效、绿色、低碳方向发展。2022 年，中国五矿万元产值综合能耗较 2013 年下降 65.9%，为我国实现高质量、可持续发展贡献力量。

中国五矿加快科技创新，核心竞争力稳步提升。组建运行“中央研究院+科技型企业重点学科”的科技创新体系，制定五大原创技术策源地建设实施方案，获批承担 22 个国家重点专项，国家级科技平台布局优化至 45 个，有效专利超 5.2 万件，全年科技成果转化收入达 360 亿元。

中国五矿高度重视 ESG 管理，致力于公司成长与环境保护、社会和公司治理的和谐发展。2020 年，邦巴斯矿山荣获秘鲁全国矿业安全奖，并于2021年成为入选国有重点企业管理标杆创建行动“标杆企业”中唯一的海外矿山企业；金塞维尔矿山荣获2023年刚果（金）矿业奖，以表彰其在文化传播、安全保障及对刚果（金）采矿业发展的贡献。

2024年，习近平总书记在公开讲话中提及中国五矿投资开发的邦巴斯铜矿，肯定了其在促进秘鲁经济发展和民生改善上的突出贡献。

中国五矿以“成为具有全球竞争力的世界一流金属矿产企业集团”为战略愿景，以“矿业报国、矿业强国”为初心使命，成为金属资源保障主力军、冶金建设运营国家队。公司率先在全球打通了从资源获取、勘探勘查、设计施工、采矿选矿、冶炼加工、贸易物流的全产业链通道，形成了以金属矿产、冶金建设、贸易物流、金融地产为“四梁”，以矿产开发、金属材料、新能源材料、冶金工程、基本建设、贸易物流、金融服务、房地产开发为“八柱”的业务体系。

（二）紫金矿业集团股份有限公司

1. 企业概况

紫金矿业是一家在全球范围内从事铜、金、锌、锂、银、钼等金属矿产资源勘查、开发及工程设计、技术应用研究的大型跨国矿业集团，在香港H股（2899.HK）和上海A股（601899.SH）整体上市，见图3-4和图3-5。

截至2023年年底，该公司保有探明、控制及推断的权益资源量：铜7455.65万吨、金2997.53吨、锌（铅）1067.77万吨、银14739.29吨，锂资源量（碳酸锂当量）1346.59万吨。

图 3-4　紫金矿业总部 1

图 3-5　紫金矿业总部 2

紫金矿业主要指标中国领先、全球排名前 10 位。2023 年，公司实现矿产铜 100. 73 万吨、矿产金 67. 73 吨、矿产锌（铅）46. 70 万吨、矿产银 412 吨，分别同比增长 11. 13%、20. 17%、2. 89%和 4. 09%，新增当量碳酸锂 2903 吨，为中国及亚洲唯一矿产铜产量破百万吨大关的企业，位居全球前五；也是头部矿企中矿产铜、金产量增长最快的企业之一。年度实现营业收入 2934.03 亿元，同比增长 8.54%；利润总额 312.87 亿元、归属上市公司股东净利润 211.19 亿元，分别同比增长 4.32%和 5.38%；经营活动产生的现金流量净额 368.60 亿元，同比增长 28.53%，现金流量稳健。2023 年年末，企业资产总额 3430.06 亿元，其中归母净资产 1075.06 亿元，分别同比增长 12.08%和 20.87%；资产负债率 59.66%。紫金矿业位列 2023 年《福布斯》全球上市公司第 284 位，及其中的上榜的全球金属矿业企业第 6 位、全球黄金企业第 1 位；位列《财富》世界 500 强第 373 位、《财富》中国上市公司 500 强第 51 位。

截至 2023 年，紫金矿业在全球的铜冶炼产品产能近 150 万吨/年，员工人数 55239 人。

2. 国内外产业布局及发展质量

紫金矿业在中国境内 17 个省（区）和境外 15 个国家拥有重要矿业投资项目，包括境内的西藏巨龙铜矿及朱诺铜矿、黑龙江多宝山铜山铜矿、福建紫金山铜金矿、新疆阿舍勒铜矿、山西紫金、贵州紫金、陇南紫金等，境外的塞尔维亚丘卡卢—佩吉铜金矿及博尔铜矿、刚果（金）卡莫阿铜矿及科卢韦齐铜矿、苏里南罗斯贝尔金矿、哥伦比亚武里蒂卡金矿等。公司加速进军新能源新材料产业，拥有阿根廷 3Q 盐湖锂矿、西藏拉果错盐湖锂矿、湖南道县湘源硬岩锂多金属矿，并受邀主导开发刚果（金）马诺诺锂矿东北部项目。紫金矿业在国内外铜产业分布情况见表 3-2。

表 3-2　紫金矿业国内外铜产业分布情况

类别	名　称	地　点
铜矿山	丘卡卢—佩吉铜金矿	塞尔维亚博尔州
	博尔铜矿	塞尔维亚博尔州
	卡莫阿—卡库拉铜矿	刚果（金）卢阿拉巴省
	科卢韦齐铜（钴）矿	刚果（金）卢阿拉巴省
	白河铜钼矿（筹建）	秘鲁皮乌拉大区
	哈马戈泰铜金矿	蒙古国南戈壁省
	巨龙铜矿	西藏自治区拉萨市
铜矿山	多宝山/铜山铜矿	黑龙江省黑河市
	紫金山铜金矿	福建省龙岩市上杭县
	阿舍勒铜矿	新疆维吾尔自治区哈巴河县
	曙光金铜矿	吉林省延边州珲春市
	德尔尼铜矿	青海省果洛州
	玉龙铜矿	西藏自治区昌都地区江达县
	谢通门铜金矿（筹建）	西藏自治区谢通门县
	朱诺铜矿（筹建）	西藏自治区日喀则市昂仁县亚木乡许如村
铜冶炼（火法）	卡莫阿铜冶炼厂	刚果（金）卢阿拉巴省
	塞尔维亚铜冶炼厂	塞尔维亚博尔州
	穆索诺伊铜冶炼厂	刚果（金）科卢韦齐
	紫金铜业冶炼厂	福建省龙岩市上杭县
	黑龙江紫金铜冶炼厂	黑龙江省齐齐哈尔市
	吉林紫金铜冶炼厂	吉林省延边州珲春市

紫金矿业在金铜湿法冶金和低品位难选冶资源综合利用及大规模工程化开发等方面具有丰富的实践经验。多年来，通过合作研发和自主创新，紫金矿业的采矿技术整体处于国内领先

水平；选冶技术获得一系列国际领先的科技成果，引领行业发展；铜加工产品以市场需求为导向，在部分系列合金的生产加工方面处于行业内较高水平。

紫金矿业在露天采矿工艺与边坡治理、地下采矿工艺与充填/地压控制以及矿山灾害防治等方面开展了大量的研究，取得了丰硕的成果。开发了露天深部扩帮及陡帮开采工艺技术、高寒露天边坡稳定性控制技术、碎裂岩体错峰减震爆破技术、露天边坡综合治理技术、露地协同规模化开采技术、深部矿床规模化开采技术、复杂难采矿床安全高效开采技术、地下金属矿床智能化连续开采技术、大能力低成本连续充填技术、软弱破碎岩体支护技术、露天边坡与深井岩爆监测预警技术等，这些成果推广应用，为紫金矿业国内外 40 多座矿山的安全、高效、低成本开采提供了技术支撑，为企业创造了巨大的经济效益。紫金山如图 3-6 所示。

图 3-6　紫金矿业紫金山 1

在高效选冶方面，紫金矿业拥有以难处理金矿加压预氧化、生物提铜、高粘土低品位金矿大规模堆浸为代表的一系列国际先进分离提取核心技术，引领行业技术创新。紫金矿业开发了以大规模低品位次生硫化铜矿“选择性生物堆浸+萃取+电积”提铜技术为核心的选冶高效协同开发技术，该技术已成功推广应用于黑龙江多宝山铜矿、江西德兴铜矿、新疆哈腊苏铜矿、新疆土屋铜矿、新疆索尔库都克铜矿等多个矿山，促进了中国低品位铜战略资源高效开发，社会、经济效益显著。此外，紫金矿业还开发了硫氧混合复杂难处理铜钴资源综合回收技术，将浮选、湿法冶金、火法冶金工艺有机联合，采用符合矿石特点的不同主体工艺进行处理，并协同处理各种中间产物，实现该铜钴资源的高效清洁回收。

在铜火法冶炼方面，紫金矿业拥有“蒸汽干燥+闪速熔炼+智能数控吹炼+阳极炉精炼+永久不锈钢电解精炼”“‘富氧高强度侧吹熔炼+底吹吹炼+阳极炉精炼’(全热态智能连续炼铜)+永久不锈钢电解精炼”“富氧侧吹熔池熔炼+PS 转炉吹炼+阳极炉火法精炼+永久不锈钢电解精炼”以及“闪速一步炼铜”工艺。紫金矿业还实现了在线数模闪速熔炼、智能吹炼、熔池熔炼、底吹吹炼智能控制，开发了国内首例银锭智能化自动浇铸系统，以及制酸转化数模、视频自动巡检系统、原料库智能盘库系统等智能化系统和业财一体化智能平台，成功推动传统冶金向智能冶金的转变，全力迈向“智慧工厂”和“黑灯工厂”。紫金铜业的新一代绿色高效提炼稀贵金属技术及应用，实现金、银、铂、钯、硒的绿色高效提炼，并荣获 2023 年度国家科技进步奖二等奖。“复杂稀贵金属物料精准分离关键技术与装备”和“铜冶炼渣含铜相结晶控制与高效回收关键技术及应用”项目分别获得 2018 年度和 2021 年度福建省科技进步奖一等奖。铜冶炼渣含铜相结晶控制与高效回收关键技术、含砷物料资源化无害化处理关键技术等成果达到国际先进水平。黑龙江紫金铜业发明的全热态铜锍吹炼方法、全热态铜锍吹炼热平衡控制方法和侧吹熔炼高强度、高氧浓控制技术及铁-钙渣使用技术，达到国内首创、国际领先水平，并于2024年获得黑龙江省科技进步奖二等奖。吉林紫金通过自主研发冶炼渣资源综合回收利用技术工艺控制流程和自控系统组态独立设计制作，开辟了铜冶炼行业中副产品硫酸及尾渣消纳的新路径，填补了国家冶炼行业渣利用的空白；在绿色低碳发展上，实施制酸系统低温余热利用技术，累计产蒸汽近89万吨，折减碳量近12万吨，铜冶炼综合能耗处于行业重点领域能效领先水平。紫金铜业水循环利用率均超过98%，达到《铜冶炼行业清洁生产评价指标体系》中工业用水循环利用率的Ⅱ级清洁生产水平基准。

在创新能力方面，紫金矿业是全球为数不多的具有系统自主技术与工程管理能力的跨国矿业公司，建成国内黄金行业唯一的国家重点实验室，拥有国家认定企业技术中心、院士专家工作站、博士后科研工作站、矿冶设计研究院等一批高层次研发平台和科研设计实体，并创造性地提出“矿石流五环归一”工程管理模式，推动其在自然崩落法采矿、高地压、高寒高海拔采选和植被恢复、设备自动化信息化、新能源新材料等重点领域取得一系列成果。2023年，紫金矿业成功申报国家重点研发项目、中国博士后科学基金面上项目、福建省科技计划项目立项各1项，获评“高新技术企业”的子公司达17家。

3. 社会责任及发展愿景

紫金矿业一直秉持“开发矿业，造福社会”的宗旨，积极履行社会责任。紫金矿业构建了负责任的 ESG 管理体系，在经营业绩稳步提升的同时碳排放强度持续下降，新能源发电量和生态环保投入不断增加，员工获得感与周边社区满意度保持高位，国际主流 ESG 评级也得到显著提升。2023 年，紫金矿业标普 ESG 评级获得 64 分，位于全球行业前 6%；路孚特 ESG 评级得到 92. 4 分，位列全球行业第一；连续五年纳入恒生 A 股可持续发展企业指数。

在生态环境保护方面，紫金矿业始终坚持“绿水青山就是金山银山”的理念，努力将绿色生态打造成具有紫金强大影响力的 ESG 优势名片。紫金矿业高度重视并大力投入矿山植被恢复和生态修复工作，全年恢复植被面积约 622 万平方米，种植花木约 386 万株。高原、戈壁、沙漠等生态脆弱地区的矿山实现绿色“蝶变”，以更宽广的环境容量保护了生物多样性。紫金山金铜矿绿色矿山建设实践被列入联合国教科文组织推荐案例（见图 3-7）。2023 年，企业共投入生态修复专项资金 3. 69 亿元，水资源循环利用率达 94. 8%，并拥有 12 家国家级绿色矿山、7 家国家级绿色工厂和 1 座国家矿山公园。

图 3-7 紫金矿业紫金山 2

紫金矿业发布了中国有色金属行业首份《应对气候变化行动方案》，制定了2029年实现碳达峰、2050年实现碳中和的目标。为实现这一减排目标，紫金矿业同时加快绿电绿能应用，推动生产企业电动化转型，实施清洁燃料和清洁能源替代措施，并积极探索碳抵消、碳交易、碳捕集等领域，逐步降低单位生产总值的碳排放和能耗，努力实现低碳转型。2023年，企业共投入气候变化专项资金4.56亿元，新增清洁能源装机容量76.57兆瓦，总装机容量达244.05兆瓦；万元工业增加值GHG排放量为1.53吨CO_2当量，较2022年下降1.46%。

紫金矿业秉持"开发矿业，造福社会"的宗旨，对标联合国可持续发展目标（SDGs），将"创造价值，共同发展"的价值观融入企业运营的各个环节中，以负责任的方式开发矿业，在实现企业盈利的同时，积极与社区共享发展成果，与所在地构建休戚与共的命运共同体，与协作商等一起成长，并通过实施社区发展项目和公益捐赠，回报当地基础设施、教育医疗等民生所需，与当地社区共享企业发展成果。2023年，紫金矿业共投入8.27亿元用于社区发展，其中2.97亿元为公益捐赠。由于在公益领域的突出贡献，紫金矿业获得了中国公益慈善领域中的最高政府奖——"中华慈善奖"捐赠企业奖项。

紫金矿业作为全球矿业市场的重要参与者，致力于打造"绿色高技术超一流国际矿业集团"，以优质矿物原料为中国及全球经济增长和可持续发展助力。

二、全产业链型企业

全产业链型企业在产业链中，从矿石的勘探、开采、选矿、冶炼、深加工到销售、贸易甚至物流等环节，都具备完整的业务能力。这类企业能够实现铜矿资源从源头到最终产品的全流程控制，提高生产效率、降低成本，并增强对市场变化的适应能力。

此类企业以江西铜业集团有限公司、铜陵有色金属集团控股有限公司和中国铜业有限公司为代表。同时，这三家企业均为全球排名前四的精炼铜生产企业，其稳定的供应能力和高质量的产品使其在铜产业链中具有较为重要的话语权和影响力。

（一）江西铜业集团有限公司

1. 企业概况

江西铜业集团有限公司（以下简称“江铜”）是中国有色金属行业特大型集团公司，也是中国铜行业和江西省首家进入世界500强的企业（见图3-8）。目前，江铜在铜以及相关

图3-8 江西铜业南昌总部大楼

有色金属领域形成了集勘探、采矿、选矿、冶炼、加工于一体的全产业链，旗下拥有100余个成员单位，员工人数达31986名。

2023年，江铜完成营业收入5562亿元，实现利润82.5亿元，生产阴极铜209万吨、铜加工材184万吨、黄金114吨、白银2041吨、硫酸639万吨，完成铜精矿含铜20.2万吨。企业位列2024年《财富》世界500强第157位，位列2024年“世界品牌500强”第398位。

2. 国内外产业布局及发展质量

目前，江铜在国内形成了以江西（鄱阳湖生态区）、环黄渤海地区、长三角地区、粤港澳大湾区等为核心的产业基地，实现了通江达海、全链条型的产业布局。在哈萨克斯坦、墨西哥、赞比亚等国建立了生产基地，并构建了覆盖全国、辐射海外的投资、金融和贸易等多元化产业体系。

江铜世界铜产业主要分布情况见表3-3。

表3-3　江铜世界铜产业分布情况

类别	名　称	地　点
铜矿山	墨西哥渣选矿项目	墨西哥
	哈萨克斯坦巴库塔钨矿项目	哈萨克斯坦
	阿富汗艾娜克铜矿项目（参股25%）	阿富汗
	秘鲁格兰诺铜矿项目（参股40%）	秘鲁
	德兴铜矿	江西省上饶市
	银山铜矿	江西省上饶市
	永平铜矿	江西省上饶市
	武汉铜矿	江西省九江市

续表 3-3

类别	名　称	地　点
铜矿山	城门山铜矿	江西省九江市
	银珠山铅锌银矿	江西省鹰潭市
	七宝山铅锌矿	江西省宜春市
铜冶炼	贵溪冶炼厂	江西省鹰潭市
	江铜宏源	江西省鹰潭市
	江铜国兴	山东省烟台市
	江铜恒邦股份	山东省烟台市
	和鼎铜业	浙江省杭州
铜加工	江西铜业集团铜材有限公司	江西省鹰潭市
	江铜铜箔公司	江西省南昌市
	江铜华东电工新材料科技有限公司	江西省鹰潭市
	江西电缆有限责任公司	江西省吉安市
	江铜铜板带公司	江西省南昌市
	江铜华北铜业有限公司	天津市
	广州江铜铜材有限公司	广东省广州市

江铜坚持实施创新驱动发展战略，推动科技创新与产业创新深度融合，目前，拥有国家铜冶炼及加工工程技术研究中心、江铜集团技术中心、博士后科研工作站、“科创中国”江铜创新基地等6大国家级科创平台，组织实施国家级科研课题5项。江铜参与的“有色冶金高效转化精准调控与智能自动化系统”和“新一代绿色高效提炼稀贵金属技术及应用”获得2023年国家科技进步奖二等奖。在铜采选冶加产业链上，江铜的技术实力处于行业领先地位。德兴铜矿是国内最大的露天开采铜矿山之一，于行业内首次引进国际采矿设计规划优化软件和全球卫

星定位卡车调度系统；贵溪冶炼厂是国内首家引进全套闪速熔炼技术生产线的单位，铜冶炼综合能耗等 6 项主要技经指标全球第一，为全球唯一一家单体铜产能规模超百万吨的炼铜工厂（见图 3-9 和图 3-10）；铜加工规模、产品种类、产品质量均处于行业领先水平。

图 3-9　江铜贵冶冶炼极板智能化转运及质检系统

图 3-10　江铜铜箔无尘生产车间

3. 社会责任及发展愿景

江铜积极响应国家政策要求，努力展现其更加卓越的ESG形象，2023年明晟（MSCI）评级指数为B级。江铜始终坚持初心使命，履行社会责任，积极投身社会公益慈善事业，累计捐助扶贫、救灾、助学、抗击疫情、乡村振兴等项目资金超过2亿元，充分彰显了国企的责任担当。深入推进产业数字化转型升级，江铜联手华为等头部企业高质量完成《数字江铜顶层设计》编制工作，牵头设立并运行江西省铜行业数字化转型促进中心，打造了一批以德铜智能矿山、贵冶“灯塔工厂”为引领的产业数智化转型典范标杆。江铜始终坚持“绿水青山就是金山银山”的理念，推动更加绿色、安全、可持续的发展模式。2022年，江铜编制完成“双碳”战略规划，成为江西省首家发布“双碳”战略规划的企业；积极对接国家“两新”政策，累计完成四千余台节能电机更新改造，2024年万元产值能耗同比下降5%，实现在产单位绿色工厂全覆盖；近三年累计环保总投入超20亿元，生态修复投入超7亿元，累计完成生态修复面积超8400亩，永平铜矿生态修复案例入选国家首批15个生产矿山生态修复典型案例（见图3-11）。

未来，江铜将坚持以习近平新时代中国特色社会主义思想为指引，深入贯彻落实习近平总书记考察江西时的重要讲话精神，坚定实施“实体为本”和“资源为王”两大战略，全力推进铜、黄金、铅锌、金融、新材料、装备制造、信息技术、贸易、硫化工、节能环保等十大产业体系转型升级，按照高质量发展要求全速构建高效安全的现代化产业体系。至2030年，其

图 3-11　永平铜矿入选国家首批 15 个生产矿山生态修复典型案例

目标是把江铜打造成为具有全球核心竞争力的世界一流企业，基本建成“三个领军、三个领先、三个典范”的现代化美丽新江铜。

（二）铜陵有色金属集团控股有限公司

1. 企业概况

铜陵有色金属集团控股有限公司（以下简称“铜陵有色”）于 1949 年 12 月由中央决定恢复建设，1952 年 6 月正式建成投产，是新中国最早建设起来的铜工业基地，被誉为新中国铜工业摇篮。经过 75 年的建设，铜陵有色现已发展成为拥有有色金属、非金属产业和以金融贸易为核心的现代服务业两大主业，相关产业多元化发展的大型企业集团，自 2019 年以来，连续 6

年跻身世界 500 强（旗下金威铜业如图 3-12 所示）。铜陵有色是国家创新型试点企业，先后获得全国质量奖、中国工业大奖表彰奖、全国五一劳动奖状、全国先进基层党组织等荣誉。“十四五”期间，铜陵有色坚持稳中求进工作总基调，以推动高质量发展为主题，以改革创新为根本动力，全力建设世界一流企业。

图 3-12 金威铜业

2. 国内外产业布局及发展质量

铜陵有色在国内拥有多个铜矿，并积极拓展海外铜矿资源，收购了厄瓜多尔的米拉多铜矿等项目（见图 3-13 和图 3-14）。铜陵有色在国内拥有 4 个冶炼公司，其中金隆铜业是我国第一家中外合资铜冶炼企业。铜陵有色国内外铜产业分布情况见表 3-4，铜陵有色的铜加工产业种类多，主要产品包括铜箔、铜板带、漆包线、磷铜球、棒材等。

图 3-13　米拉多铜矿选矿厂

图 3-14　铜冠矿建海外项目

表 3-4　铜陵有色国内外铜产业分布情况

类别	名　称	地　点
铜矿山	米拉多铜矿	厄瓜多尔
	白河铜钼矿（参股筹建）	秘鲁皮乌拉大区
	冬瓜山铜矿	安徽省铜陵市
	安庆铜矿	安徽省铜陵市
	沙溪铜矿	安徽省合肥市
	铜山铜矿	安徽省铜陵市
	姚家岭铜铅锌矿（筹建）	安徽省芜湖市
铜冶炼	金冠铜业铜冶炼厂	安徽省铜陵市
	金隆铜业铜冶炼厂	安徽省铜陵市
	铜陵有色绿色智能铜基新材料项目	安徽省铜陵市
	金通铜业公司铜冶炼工艺升级搬迁改造项目	内蒙古自治区赤峰市
铜加工	铜冠铜箔加工	安徽省铜陵市
	金威铜业铜板带加工	安徽省铜陵市
	铜冠电工漆包线加工	安徽省铜陵市
	铜冠黄铜棒材加工	安徽省铜陵市

近五年，铜陵有色持续加大科技创新投入，加快研发创新体系标准化建设，共获得省部级以上科学技术奖 50 项，其中一等奖 18 项；获授权发明专利 302 件，累计拥有有效发明专利 490 件；登记软件著作权 61 件；主持、参与制（修）订各类标准 91 项，其中国际标准 1 项、国家标准 21 项、行业标准 51 项、地方标准 2 项、团体标准 16 项。

采选方面　铜陵有色拥有铜陵地区得天独厚的矿产资源，有多座大型坑下开采铜铁共生矿床，主要产品包括铜、金、银、稀有金属及相关副产品。近年来开展的冬瓜山铜矿床盘区隔离矿柱资源回收整体规划与综合回采技术研究、60线以北厚大矿体高大采场回采工艺技术研发、复杂铜多金属硫化矿低碱阻溶—氧化活化分选及综合利用、铜矿伴生硫铁资源的回收利用工艺研究等项目形成多项成果及发明专利，经济效益显著，处于国际先进水平。

冶炼方面 铜陵有色铜冶炼系统采用闪速炉熔炼（奥炉、侧吹炉)—闪速吹炼（智能转炉吹炼）工艺，总体技术达到国际先进水平，近年来加强铜铅锌冶炼二次资源稀贵金属高效回收及高纯金属制备关键技术研究（见图 3-15)，目前已成功制备出 99.9999%（6N）级超纯铜、99.999%（5N）级硒、碲、铼等稀有战略金属。

图 3-15 电解铜生产线

铜加工方面 近年来，铜陵有色先后建成一批高精度铜板带、电子铜带、特种漆包线、磷铜材料、电子铜箔等铜加工材项目（见图 3-16)，已形成国内最完整的铜加工产业链，以及稀有金属铼等加工产业。生产工艺及装备水平不断提升，部分铜加工制造技术指标达到国际先进、国内领先水平。铜板带、电子铜箔等高精度铜加工材产品已先期进入 5G 通信、新能源汽车、储能设备及高铁等高端技术产业链。

图 3-16 铜陵有色金威铜业公司铜板带生产线

3. 社会责任及发展愿景

铜陵有色将安全和环保作为企业发展的两大基石，秉承“清洁生产、绿色生态”的环保理念，以高水平安全、高品质生态环境支撑高质量发展，2023 年实现了“安全零工亡、环保零事件”的年度目标。安庆铜矿等十三家单位在安徽省生态环境厅开展的安徽省环境信用评价工作中荣获“环保诚信企业”称号，冬瓜山等三家单位荣获“环保良好企业”称号。落实

“双碳”要求，推进降碳减污增绿。大力发展循环经济，构建了以矿山、冶炼、加工和化工 4 个产业循环圈为基础的立体循环经济体系，成为国家首批循环经济试点企业。加强资源综合利用，矿产资源综合利用率处于全国行业先进水平，加快实施厂房屋顶分布式光伏项目和矿区光伏项目，不断提高可再生能源的消纳比例。加强节能降碳工艺改造，铜陵有色碳排放总量和碳排放强度显著降低，铜冶炼硫总捕集率达到 99. 86%，尾气排放远优于国家标准；二氧化硫排放强度较“十三五”时期下降 87. 28%，阴极铜综合能耗下降 19. 36%；实施低温余热回收项目，硫酸综合能耗降至负值。

铜陵有色践行与客户共赢的经营理念，加强合规管理、品牌建设和诚信建设，树立国企的良好形象；践行以人民为中心的发展思想，尊重员工的主体作用和地位，促进员工个人价值的实现；加强人才培养，为员工构建了行政管理、专业管理、工程技术、技能操作和辅助服务五大职业通道，搭建员工成长的舞台；加强民主管理，开展合理化建议和技术改进活动，铜陵有色重大合理化建议获奖数连续 10 余年位列安徽省第一；秉承关爱员工的理念，建立健全常态化的慰问、帮扶机制，深入实施“温暖工程”，帮扶困难员工、关心退休职工，体现有色大家庭的温暖。

2024 年，铜陵有色继续在乡村振兴、助学助教、抗洪救灾等领域组织实施公益支持，实际支出 378. 4 万元；已累计 17 年编制并对外披露其社会责任报告或 ESG 报告，2024 年首次公开披露 ESG 报告。铜陵有色社会责任工作取得多项荣誉：党委书记、董事长龚华东作为全国仅有的两家地方国企代表之一应邀参加国务院国资委主办的“第七届中国企业论坛国有企业社会责任平行论坛”并作社会责任主题发言；企业连续第三年入选“国有企业社会责任·先锋 100 指数”，位列第 15 位，较上一年度前进两位，位列省属企业第一；铜陵有色上市公司连续第二年入选“国有企业上市公司 ESG·先锋 100 指数”，位列第 19 位，较上一年度前进 1 位，并且上市公司成功入选中央广播电视总台《长三角 ESG 行动报告》中的“中国 ESG 上市公司长三角先锋 50（2024）”榜单，位列第 22 位；社会责任案例《厚植“绿”的底色 迸发“进”的动能》入选国务院国资委《国资国企社会责任蓝皮书（2024）》优秀案例和《安徽省国资委国资社会责任（ESG）蓝皮书（2024）》典型案例。

铜陵有色“十四五”发展战略：做大资源、做精冶炼、做优加工、做强服务。

铜陵有色贯彻新发展理念，提升有色金属及非金属、金融贸易为核心的现代服务业两大主业发展质量。坚持创新驱动，实施数字赋能，努力增产增效。坚持改革出效，加强节能减排，建设高水平的资源综合利用体系。发展循环经济，通过强链、补链、延链，积极拓展资源开发，稳定提高资源拥有量。提升冶炼、加工的质量效益，做强做精有色金属全产业链。通过多元化、专业化，做优做实服务于主业的金融贸易服务产业，市场化适时适度发展关联产业。积极融入国内国际双循环，对接国家发展战略，积极参与国际产能合作，努力实现高质量发展，加快建设更具核心竞争力的国际化集团，努力建设世界一流企业。

（三）中国铜业有限公司

1. 企业概况

中国铜业有限公司（以下简称“中国铜业”）成立于2008年8月，是中国铝业集团有限公司（以下简称“中铝集团”）的重要经营单元之一，是一家以铜、铅锌为主业，集资源、采选、冶炼、加工上中下游全产业链，跨生产、贸易、科技研发等多领域的综合型企业。截至2023年年底，中国铜业注册资本428.27亿元，资产规模超过1700亿元、年营业收入超过1800亿元，职工人数达3万人。中国铜业具备完整的铜、铅锌产业链，拥有云南铜业、驰宏锌锗两家A股上市公司，所属企业分布在境外6个国家，境内17个省（区、市）。

2023年，中国铜业铜资源储量3303万吨、铜精矿产量28.9万金属吨、精炼铜产量139万吨、铜加工材产量42万吨；铅锌资源储量4551万吨、铅锌精矿产量（金属量）48.5万吨、铅锌冶炼产量90万吨、锌合金和锌粉产量15万吨。

2. 国内外产业布局及发展质量

中国铜业在国内外现有在产铜矿山7座，分别为秘鲁矿业特罗莫克铜矿（见图3-17）、迪庆有色普朗铜矿（国内采用自然崩落法生产规模最大的铜矿山）、玉溪矿业大红山铜矿、凉山矿业拉拉铜矿、思茅山水大平掌铜矿、楚雄矿冶六苴铜矿、迪庆矿业羊拉铜矿；在建矿山1座，为凉山矿业红泥坡铜矿。其国内外铜产业分布情况见表3-5。

图 3-17　秘鲁矿业特罗莫克铜矿

表 3-5　中国铜业国内外铜产业分布情况

类别	名　称	地　点
铜矿山	中铝秘鲁矿业特罗莫克铜矿	秘鲁
	凉山矿业	四川省凉山州
	迪庆有色	云南省迪庆州
	迪庆矿业	云南省迪庆州
	玉溪矿业	云南省玉溪市
	楚雄矿冶	云南省楚雄市
	思茅山水	云南省普洱市
铜冶炼	谦比希铜冶炼有限公司（参股 40%）	赞比亚
	卢阿拉巴铜冶炼股份有限公司（参股 38%）	刚果（金）
	西南铜业	云南省昆明市
	赤峰云铜	内蒙古自治区赤峰市
	东南铜业	福建省宁德市
	滇中有色	云南省楚雄市

续表 3-5

类别	名　称	地　点
铜冶炼	易门铜业	云南省玉溪市
	凉山矿业	四川省凉山州
铜加工	中铝洛阳铜加工有限公司	河南省洛阳市
	中铝华中铜业有限公司	湖北省黄石市
	中铝昆明铜业有限公司	云南省昆明市

中国铜业是世界上铜火法冶炼工艺最全的铜业公司，国内有 6 家冶炼企业，采用了 4 种不同的主流熔炼工艺，形成西南、北方、华东三大生产基地。

特罗莫克铜矿、大平掌铜矿和拉拉铜矿浅部采用露天开采工艺；普朗铜矿、大红山铜矿、拉拉铜矿深部、六苴铜矿、羊拉铜矿、红泥坡铜矿采用地下开采工艺。特罗莫克铜矿、大平掌铜矿、拉拉铜矿浅部采用公路开拓，陡帮剥离，缓帮组合台阶采矿法。普朗铜矿采用平硐+辅助斜坡道联合开拓，自然崩落采矿法；大红山铜矿、拉拉铜矿深部、红泥坡铜矿采用斜井（竖井）+斜坡道联合开拓，分段空场嗣后充填法和上向水平分层充填法采矿工艺；六苴铜矿、羊拉铜矿采用竖井+斜井+平硐联合开拓，分段空场嗣后充填法和浅孔留矿法回采等采矿工艺。中国铜业主要采矿方式见表 3-6。

表 3-6　中国铜业主要采矿方式情况

序号	矿山名称	开采形式	开拓方式	采矿方法
1	特罗莫克铜矿	露天	公路运输开拓	陡帮剥离，缓帮组合台阶采矿

续表 3-6

序号	矿山名称	开采形式	开拓方式	采矿方法
2	普朗铜矿	地下	平硐+辅助斜坡道联合开拓	自然崩落采矿法
3	大红山铜矿	地下	斜井（竖井）+斜坡道联合	分段空场嗣后充填法；上向水平分层充填法
4	拉拉铜矿（落凼矿区）	浅部：露天	公路运输开拓	陡帮剥离，缓帮组合台阶采矿
		深部：地下	竖井+辅助斜坡道联合开拓	分段空场嗣后充填法；上向水平分层充填法
5	大平掌铜矿	露天	公路运输开拓	陡帮剥离，缓帮组合台阶采矿
6	六苴铜矿	地下	竖井+斜井+平硐联合开拓	分段空场嗣后充填法；浅孔留矿法回采
7	羊拉铜矿	地下	平硐+溜井联合开拓	空场嗣后充填法；全面嗣后充填法法
8	红泥坡铜矿	地下	箕斗竖井+辅助竖井+辅助斜坡道	分段空场嗣后充填法；上向水平分层充填法

中国铜业现有在产矿山的铜矿物以硫化矿为主，铜选矿工艺均采用泡沫浮选法。选矿碎矿主要为三段一闭路工艺；磨矿主要为两段两闭路流程；铜浮选采用正浮选工艺流程；铜浮选最终刮出的矿化泡沫经脱水、干燥后即得到铜精矿产品。中国铜业突破了特大型贫矿床超大规模低成本高效开采关键技术、低品位复杂铜矿资源高效利用关键技术，自然崩落法、膏体充填采矿法、空场嗣后充填法等采矿方法和矿山高边坡与井下泥石流等控灾技术处于行业领先水平，矿山产业领域数字化应用水平显著提升，建成了以普朗铜矿、大红山铜矿为代表的系列采矿工艺技术先进、生态绿色、装备与自动化水平领先的大型、特大型矿山。

中国铜业旗下冶炼企业分别采用闪速冶炼技术和多种吹炼方式的熔池熔炼技术，为打造复杂铜精矿高效清洁提取技术差异化竞争优势提供了技术保障。中国铜业发挥技术优势、管理优势，既满足了所属东南铜业对原料的特殊要求，又扩大了中国铜业原料采购渠道，实现利益最大化，已成为中国铜业的核心竞争力之一。

中国铜业铜冶炼技术持续朝着绿色、创新、自主方向发展，近十年间实现了从“买技术”到“卖技术”的跨越。中国铜业自主开发的“富氧侧吹熔炼+多枪顶吹连续吹炼”粗铜双炉连续吹炼技术，突破富氧顶吹、侧吹、底吹熔池冶炼和旋浮冶炼等大型化连续吹炼铜冶炼工艺，整体成熟先进，达到世界先进水平；在底吹、侧吹熔炼及连续吹炼技术工业化应用方面取得重大突破，复杂铜精矿高效提取工艺技术取得重大进步，铜冶炼过程自动化、信息化水平大幅度提升。双侧吹熔炼+多喷枪顶吹连续炼铜技术多项指标世界领先。

2022 年 12 月，工业和信息化部公告《国家工业和信息化领域节能技术装备推荐目录（2022 年版）》中国铜业自主研发的“侧顶吹双炉连续炼铜技术”入选为有色行业节能提效技术。同时，近年来还输出了“铜火法精炼炉透气砖技术”“铜阳极自动浇筑技术”“铜电解净化技术”等科技成果，围绕铜冶炼资源综合利用，开发了“铜冶炼复杂铜物料杂质处理关键技术”“铜冶炼污酸中铼提取技术”“碲化铜提取制备 4N 碲技术”“铜电解液三效混流真空蒸发技术”等，上述技术总体达到国内领先、部分国际先进水平。中国铜业建成了以西南铜业为基地的综合回收系统，综合回收金、银、硒、碲、铂、钯、铅、锌、锑、铋、砷等 20 余种有价元素。中国铜业东南铜业夜景如图 3-18 所示。

图 3-18 东南铜业夜景航拍

中国铜业现有铜基材料产能45万吨/年，工艺装备位居国内前列。生产线主体设备多数为进口设备，铜板带产品品种齐全，多个产品和技术处于行业领先地位，市场占有率位居国内第一。主要企业包括中铝洛阳铜加工有限公司（以下简称“洛阳铜加工”）、中铝华中铜业有限公司（以下简称“华中铜业”）、中铝昆明铜业有限公司（以下简称“昆明铜业”）3家企业。中国铜业拥有国家企业技术中心、国家认可委认可实验室、有色行业铜及铜合金工程技术研究中心等多个国家及省部级研发平台。

洛阳铜加工　筹建于1954年，是我国“一五”期间兴建的156项重点工程之一，是国家高新技术企业、国家科改示范企业、河南省创新龙头企业、河南省创新示范企业，拥有国家级企业技术中心、科技部创新团队、国家认可实验室、中国有色金属工业重金属加工材质检站、有色行业铜及铜合金材料与加工工程技术研究中心等众多国家级、省部级研发平台。该公司成立以来不仅填补了国内在铜镍钛及合金材料领域的多项空白，也丰富了我国有色金属材料加工技术理论和实践方法，同时涵盖了同时期国内外板带管棒材的加工方法，构建了我国铜合金生产的工艺体系，被誉为新中国铜加工领域的“摇篮”和“黄埔军校”。截至2023年年底，洛阳铜加工已形成14万吨/年生产能力，主要产品包括电子信息用引线框架材料、特种用途超宽超厚板、新能源汽车用铜材、电力变压器用中高端铜带、电子电器用无氧铜、IGBT用铜带（见图3-19和图3-20）。

图 3-19　洛阳铜加工气垫炉群

图 3-20　洛阳铜加工射频电缆带

华中铜业　瞄准国家急需，以“替代进口，面向出口”为市场定位，立足于振兴民族高精度铜板带加工事业。采用国内外先进、成熟、可靠的生产工艺，主体设备 75 台（套）。主要的熔铸机组、铣面机、轧机、气垫式退火炉、立式退火炉、数控矫直机、高精度表面检测系统、分条机、磨床等31台（套）设备均从国外引进，装机水平国际先进、国内领先。其中，多台德国、意大利进口高精度轧机具有先进的厚度和板型自动控制系统；高精度铜合金四辊双机架不可逆连轧机，为全球第二台、亚洲和国内首台。目前，华中铜业高精铜板带箔年产能9万吨，压延铜箔年产能3000吨，高精铜板带产能为国内最大，不仅具备铜铬、铜镍硅、铜镍磷、框架材料、高端紫铜、压延铜箔、锡磷青铜和锌白铜等21个牌号54种规格产品的生产能力，还具备热处理可强化合金的装备和技术实力。三大主导产品实现了“国内唯一”或“国内第一”：一是高端电子信息产业用压延铜箔带坯，自主开发的高氧压延铜箔坯，为国内首家、国内唯一、替代进口的高端压延铜箔用坯料供应商，压延铜箔带坯国内市场份额为34%，其余国内市场份额（66%）均被国外企业占据；二是引线框架材料，在IC类框架材料C19400的国内市场份额达40%，为国内第一，是参与国际竞争的重要基础材料；三是新能源产业用极耳材料，成功进入全球第一大手机电池生产商ATL供应链，为国内第一。

昆明铜业 现有产能22万吨/年，主要产品电工用铜线坯销量在西南地区多年保持第一，广泛应用于电力电缆、民用布电线、漆包线、输变电及新能源汽车行业。

3. 社会责任及发展愿景

中国铜业始终秉持“点石成金，造福人类”的社会责任观，已构建起完善的 ESG 管理体系。

2023 年，中国铜业胸怀“国之大者”，奋进步伐铿锵有力。中国铜业自觉将企业行动融入国家发展大局，在服务国家战略、稳链固链、合作共赢等方面积极作为，西南铜业搬迁项目、红泥坡铜矿项目、滇中有色再生铜项目等稳步推进，在优化产业布局中持续提升发展规模，有力保障国家有色金属原材料和加工材料供应；聚焦提升科技创新力，正式揭牌全国重点实验室，多个科技创新成果和项目突破行业关键核心技术，取得较好产业化应用成效，智能工厂、智能矿山建设步伐加快，打牢建设世界一流企业根基。

加快绿色发展，奋进之路绿意盎然。中国铜业强化“双碳”管理顶层设计，深入开展能效对标，持续调整优化产业结构，建立健全能源管理体系；狠抓生态环境保护责任落实，加强资源利用与污染防治，探索矿山开采、冶炼加工与生态环境保护兼顾的绿色发展之道；环保总投入 15.54 亿元，万元产值碳排放强度同比下降 1%，新增国家级能效“领跑者”4 家，国家级绿色工厂 3 家，省级绿色工厂 2 家。

用心回馈社会，奋进扬帆幸福可期。中国铜业坚持“人民至上、生命至上”的安全理念，营造安全文化氛围；切实保护员工权益，提高员工的获得感与幸福感，努力实现员工与中铜共成长；通过完善基础设施、发展教育和公益事业等方式助力乡村振兴，参与社区治理、公益慈善，持续加强海外履责，倾情携手各方实现美美与共。

中国铜业正在建设铜产业国内综合实力最强、全产业链高效协同、优势产品突出，铅锌产业规模实力国内领先、产业控制力和影响力最强的世界一流铜铅锌企业。

三、冶炼（为主）型企业

冶炼（为主）型企业主要业务集中在冶炼环节，通常需要从外部采购铜精矿作为原料。因此，在其业务布局中，上游的矿山开采环节相对较少或不涉及；同时，在铜产品加工和精深加工方面的业务相对有限。

冶炼（为主）型企业以金川集团股份有限公司和大冶有色金属集团控股有限公司为代表。其市场定位相对明确，客户群体相对集中。此外，冶炼（为主）型企业除核心的冶炼业务外，通常还会涉及铜精矿、粗铜等产品的贸易业务。通过贸易业务，相关企业可以优化资源配置，降低原材料采购成本，提高产品的市场竞争力。

（一）金川集团股份有限公司

1. 企业概况

金川集团股份有限公司（以下简称“金川集团”）成立于1959年，总部位于甘肃金昌，是甘肃省人民政府控股的特大型采、选、冶、化、深加工联合企业，主要生产镍、铜、钴、黄金、白银、铂族贵金属及先进有色金属材料和化工产品等，产品广泛应用于建筑、机械、石油化工、新能源及电池制造、生物医用等现代工业和国民经济各领域。集团拥有世界第三大、第五大硫化镍矿，是中国最大、世界领先的镍钴生产基地和铂族金属提炼中心，在全球有色金属行业中具有重要地位（见图3-21 和图 3-22）。

图 3-21　金川集团全貌

图 3-22　金川集团厂区

历经六十余载发展，金川集团已在全球30多个国家和地区开展有色金属矿产资源开发及产业、科技、供应链合作，凭借一系列世界领先的装备与工艺技术，如世界第五座、亚洲第一座镍闪速熔炼炉，世界首座铜合成熔炼炉，世界首座富氧顶吹镍熔炼炉，世界上连续回采面积最大的机械化下向充填采矿法矿区，形成了独特的行业竞争优势。

2023年，金川集团有色金属及深加工产品产量达280万吨，营业收入为3530亿元，列2023年《财富》“世界500强”榜单第289位，《财富》“中国500强”第85位，“中国制造业500强”第32位。

在铜贵产业方面，2023年金川集团生产阴极铜127万吨，铜加工材61万吨，黄金37吨，白银739吨。

2. 国内外产业布局及发展质量

金川集团铜产业在国内外布局展开，涵盖矿山资源与冶炼基地，见表3-7。金川集团积极拓展海外铜矿资源，在刚果（金）、赞比亚和墨西哥等国家布局铜矿项目，以获取更多的铜矿资源，降低对单一地区资源的依赖，增强资源保障能力。

同时，金川集团依托自身在铜冶炼等领域的技术优势，曾为伊朗、印尼、缅甸等国家的10多家企业提供技术支持，其技术品牌享誉国内外。

金川集团在铜冶炼工艺上形成了独特优势，本部采用“合成炉+底吹炉熔炼→转炉吹炼→阳极炉精炼”铜合成炉火法系

表 3-7　金川集团国内外铜产业分布情况

类别	名　　称	地　点
铜矿山	金川白家嘴子镍铜矿	甘肃省金昌市
	甘肃黑山铜镍矿	甘肃省酒泉市
	西藏谢通门铜金矿	西藏自治区日喀则市
	奇布鲁马矿山	赞比亚
	如瓦西矿山	刚果（金）
	金森达矿山	
	穆松尼矿山	
	鲁班巴矿山	
	巴霍拉齐铜矿	墨西哥
铜冶炼	金川集团铜贵有限公司	甘肃省金昌市
	金川集团铜贵有限公司 永昌铜业有限公司	甘肃省金昌市
	金川集团铜贵有限公司包头 华鼎铜业发展有限公司	内蒙古自治区包头市
	广西金川有色金属有限公司	广西壮族自治区防城港市
	如瓦西控股公司	刚果（金）

统工艺流程，有效提高了对含铜贵金属固废和城市矿产资源等杂料的处理能力，实现了复杂铜贵金属资源的高效利用。此外，金川本部还拥有适于高镍铜精矿处理的纯氧顶吹浸没式自热熔炼炉，可处理自产二次铜精矿。金昌河西堡工业园区新建的 30 万吨/年铜阳极板生产线、40 万吨/年阴极铜项目（一期工程）已建成投运。项目采用行业领先的“富氧侧吹熔炼+顶吹连续吹炼”和不锈钢永久阴极电解工艺（ISA 法），进一步提升了金川铜冶炼工艺装备水平。金川集团冶炼厂如图 3-23 所示。

图 3-23 金川集团冶炼厂

铜电解系统除拥有 3 条传统始极片电解工艺生产线（分别为金川本部两条 20 万吨/年生产线和包头华鼎 1 条 10 万吨/年生产线，共计 50 万吨/年）外，通过新建和改造拥有 2 条不锈钢阴极电解工艺（ISA 法）生产线，产能均为 20 万吨/年，共计 40 万吨/年。工艺流程较传统始极片电解工艺更为简化，铜电解成本相对更低，装备自动化水平更高，工艺技术装备达到行业领先水平。

广西金川铜业公司具备年产 80 万吨铜产品及 300 万吨硫酸的生产能力。其“双闪”系统是全球单系统产能最大的矿产铜生产系统。“双闪”纯氧冶炼技术、高电流密度不锈钢阴极电解技术、低温位热回收技术、废酸回收铼金属技术及氪氙气体精制技术等处于国内领先水平，资源综合利用水平和主要技术经济指标行业领先。二期项目采用“侧吹熔炼+多枪顶吹吹炼”的国际先进技术工艺，在行业内率先开展工厂智能化和数字化技术升级，实现能流、物流、信息流与经营管理一体化的有机融合，成为有色行业铜冶炼企业数字化转型示范，一、二期项目整体工业总产值将达到 600 亿元/年以上。

铜压延加工生产技术水平：拥有磷铜产品产能 38000 吨/年，引线框架异型铜带产能 5000 吨/年，高精铜带产能 10000 吨/年。其中，PCB 专用微晶磷铜球，实现全自动成型工艺技术升级，新工艺的应用在国内处于领先地位，在高端电镀领域实现了进口替代。引线框架异型铜带，采用挤压轧制或锻打工艺生产 T 型或 M 型产品满足低、中、高端客户需求。高精铜带，有各类高端引线框架用高精度铜合金带材（C19210、C19400、C7025、FeNi42 等），全面进入电子材料及半导体封装材料产业链和供应链体系。半导体封装材料，拥有集成电路冲压型引线框架生产线、蚀刻型引线框架生产线和锡材及蒸发材生产线各一条，精密铜基散热片已实现量产，该系列生产线将成为甘肃最大的半导体封装材料供应商之一。

金川集团白铜产能 6000 吨/年，紫铜产能 13000 吨/年，黄铜产能 500 吨/年，现采用“感应炉熔炼—立式半连续铸造”工艺生产白铜、紫铜和黄铜铸锭，该工艺属于行业先进水平。铜杆线产品拥有一条 30 万吨/年连铸连轧生产线和一条 15 万吨/年连铸连轧生产线，装备水平和制造工艺均达到国内领先水平。

金川集团积极响应国家智能化建设的要求，在生产各个环节推广成熟的智能化装备及其应用，并研发特定场景下的智能化设施，以此推动企业的数字化转型升级和高质量发展。主要成果包括：铜电解生产工序中的电解槽槽电压检测系统和烧板检测系统、熔炼工序中建设的熔体成分检测系统、炉窑出口烟气成分在线检测系统、5G精矿仓智能配料系统及智能皮带巡检机器人等。此外，金川集团还开发了铜冶炼生产过程控制与信息数据分析系统，实现了生产数据的自动采集、提取、填报和交互统一管理。依托河西堡园区新建的铜冶炼项目，金川集团应用了智能精矿仓、智能缓冷场、炉窑智能安全卫士和智能化装酸系统等智能化模块。

后续将部署投运铜精矿成分智能检测装备，在投料、扒渣等场景应用工业机器人以实现换人替人；深入对标钢铁行业，推动建设工业互联网平台，构建智能控制在线专家系统，实现多模块集中协同调控，提升铜产业链、供应链的数字化和智能化水平，打造铜冶炼智慧工厂。

依托金川集团建设“镍钴共伴生资源开发与综合利用全国重点实验室”“国家镍钴新材料工程技术研究中心”2个国家级科技创新平台；“甘肃省镍钴新材料及资源综合利用技术创新中心”等7个甘肃省科技厅批复的省级科技创新平台，科研实力和科技带动力位居地区头部。截至2023年年底，金川集团拥有2个国家级、24个省部级科技创新平台，20家权属企业被认定为高新技术企业，4家被认定为甘肃省“专精特新”中小企业。铜产业方面获得授权发明专利67件，实用新型专利514件。“十四五”以来（2021—2023年）获得省部级以上科技奖励35项。

3. 社会责任及发展愿景

金川集团通过准确把握新发展阶段，深入贯彻新发展理念，加快构建新发展格局，推动产业链高质量发展，确保了产业发展向低碳转型；通过加大贫矿开采利用，提高资源综合利用水平，实施“铜合成炉升级改造”和“金川集团40万吨/年智能铜电解”项目，降低资源和能源消耗；万元产值能耗、万元产值水耗较“十三五”时期末下降5%，铜冶炼单位产品工艺综合能耗较“十三五”时期末下降5%。

金川集团以建成“世界一流有色金属及新材料跨国企业”为愿景（见图3-24）。依托有色金属冶炼加工主业，聚焦有色金属新材料与新能源领域拓展，打造协同共生、富有活力、持久稳健的全产业链产业集群，以全球化视野持续加强国际化经营与核心竞争力培育，不断提升全球资源配置能力，培育出业绩一流、管理一流、技术一流、文化一流的人才队伍，力争“十五五”时期末实现“万亿金川”目标，成为具有全球影响力的世界一流企业（见图3-25）。

图3-24 金川集团有色金属新材料

图 3-25　金川集团海外项目

新时代，金川集团将不忘初心，以“艰苦奋斗，追求卓越”的金川精神激励自身发展，响应时代召唤，不负国家重托，行稳致远、勇毅向前。

（二）大冶有色金属集团控股有限公司

1. 企业概况

大冶有色金属集团控股有限公司（以下简称“中色大冶”）始创于 1953 年，是新中国成立初期国家在鄂东南地区战略布局的重要铜原料基地，是我国“一五”时期 156 个重点项目之一，先后隶属中南有色金属工业管理局、国家重工业部、冶金工业部、中国有色金属工业总公司和湖北省管辖。2011 年 1 月 21 日，湖北省政府与中国有色矿业集团签署增资扩股的合作协议，大冶有色正式加盟中国有色矿业集团（见图 3-26）。

经过 70 多年的建设发展，中色大冶已成长为集地勘、采矿、选矿、冶炼、加工等于一体的国有特大型铜工业联合企业。

图 3-26　中色大冶总部大门

在几代有色人踔厉奋发、勇毅前行的脚步中，中色大冶涵养形成“纳百川、通四海”的大江文化和“经锤炼而成，为开拓而生”的企业精神，践行“责任、忠诚、学习、进取”的核心价值观，肩负“炼铜育人，资源报国”的企业使命，为实现“一流铜业，国际品牌”的企业愿景砥砺前行。

2. 国内外产业布局及发展质量

中色大冶目前主要拥有在产矿山 4 座、在产冶炼企业 2 家、铜加工企业 1 家，以及科研、物流、维保、商贸等配套企业。具有采选 430 万吨、粗铜 70 万吨、阴极铜 100 万吨、黄金 20 吨、白银 1000 吨、硫酸 260 万吨、铁精矿 24 万吨、铜杆 30 万吨的年生产能力。其阴极铜年产市场占有率位列全国前列。中色大冶国内外铜产业分布情况见表 3-8。

表 3-8　中色大冶国内外铜产业分布情况

类别	名　称	地　点
铜矿山	铜绿山铜矿	湖北省大冶市
	丰山铜矿	湖北省黄石市阳新县
	铜山口铜矿	湖北省大冶市
	萨热克铜矿	新疆维吾尔自治区克州乌恰县
铜冶炼	大冶冶炼厂	湖北省黄石市
	弘盛铜业冶炼厂	湖北省黄石市阳新县
铜加工	晟祥铜业	湖北省黄石市

近年来，中色大冶聚焦主责主业，构建了“4 座矿山、3 座工厂、4 个主产业链延伸”的“434”产业发展架构。

矿山板块　铜绿山矿、丰山铜矿、铜山口矿、萨热克铜矿 4 座生产矿山探明铜资源量 120 万吨以上，建有亚洲最大的有色金属混合竖井，开拓直径 8.3 米、井深 1150 米，年矿石处理能力 376 万吨。此外，中色大冶在西藏、新疆等地区拥有采矿权和探矿权，保有铜资源量 100 万吨以上，钨、钼等资源量 30 万吨以上。

冶炼板块　大冶冶炼厂、弘盛铜业为两家铜冶炼企业，具备年产高纯阴极铜 100 万吨生产能力，其中弘盛铜业采用世界领先的“双闪”铜冶炼工艺，可年产高纯阴极铜 45 万吨（见图 3-27）；大冶冶炼厂采用世界先进的奥斯麦特炉-PS 转炉铜冶炼工艺，可年产高纯阴极铜 55 万吨。稀贵金属分公司采用目前国内外成熟的阳极泥硫酸化焙烧—湿法浸出工艺，具备年产黄金 20 吨、白银 1000 吨的能力，同时还综合回收生产铂、钯、硒、碲等稀贵金属产品。

主产业链延伸板块　涵盖贸易服务、铜材加工、矿冶维保

图 3-27　弘盛铜业全景

和分析检测四大领域。晟祥铜业具有年产 30 万吨低氧光亮铜杆和 4 万吨电工圆铜线的生产能力，具备进一步延伸产业链、丰富铜加工产品的发展空间。大冶国贸作为商务集中管理平台，专注于铜精矿、阴极铜、稀贵金属的采购销售代理及期货业务管理，保障主业生产经营。金格公司和工程技术公司承担维保检修、建筑安装等业务，拥有冶金、建筑总承包一级及钢结构专业承包一级资质。设研公司提供有色冶金设计、工程总承包等全方位服务，在铜、金、银检验检测及稀贵金属回收等领域具有国际先进或国内领先水平。

中色大冶海外业务布局相对较少，主要产业以贸易和技术服务为主。一是在新加坡从事铜、金、银等有色金属的国际贸易；二是在刚果（金）从事工程项目、工业服务、矿产资源寻找、国际贸易等业务。

中色大冶深入落实中国有色矿业集团发展战略，对标“两个主力军”目标，以科技赋能产业转型、创新驱动企业发展，不断探索其绿色高质量发展的实施路径。

着力打造国内传统有色矿山转型示范。中色大冶以开展矿山智能化建设和科技兴安环三年行动为契机，以“安全、绿色、高效、低耗”为目标，以岩石力学研究为先导，以矿业三维软件为基石，以矿石流为核心，立足各矿山资源赋存条件，建立专业系统，实现地测采技术管理、设备管理、安全管理平台化、体系化，夯实矿山基础管理；开展矿山“技术革命”，投入上亿元资金购置先进无轨设备，建设大盘区采场作业；优化采矿工艺，将低效分层充填采矿法改为中深孔采矿法，将水砂充填改为膏体充填，实现安全高效开采；以互联网、物联网、大数据技术为手段，应用5G工业互联网，开发矿山生产安全信息可视化管控平台、手机生产管理软件，数据赋能矿山生产，提升矿山本质安全和效率效益，使“老矿山”焕发新的生机活力。矿山智能管控中心如图3-28所示。

图3-28　矿山智能管控中心

着力打造国内传统有色冶炼转型示范。中色大冶实施冶炼厂系统环保升级改造工程，以高效冶炼、节能降耗、提质增效为目标，实施奥炉-PS 转炉铜冶炼工艺数字化绿色化高效化改造，优化设计减少了 1 台转炉和 1 套硫酸系统，打造冶炼智慧运营中心，成为全国首家实现转炉一键摇炉，奥炉、转炉、硫酸全系统大规模集控、无边界协同的铜冶炼企业；改造后，阳极铜单位加工变动成本下降 9%以上，硫酸单位变动成本较改造前下降 31%以上，年节约电能 6000 万千瓦时，节约用水近 3 万吨，减少二氧化碳排放 1.3 万吨，作业效率提升 20%，主要技术经济指标达到同类工艺世界领先水平。

着力打造国际国内智能铜冶炼行业示范。中色大冶高起点高标准布局，建设弘盛铜业“智能、绿色、效益”世界标杆工厂，创造了同行业开炉打通流程用时最短、产能负荷提升最快、同比产品质量最优、绿色发展成色最足等多个全球“第一”。实施 16 个智能应用系统，形成数据资产地图，对生产工艺进行在线还原模拟、过程监控、工艺计算、反馈修正、智慧管控，实现数字赋能生产经营，劳动生产率超过行业平均水平 60%，成为湖北省 2023 年最大的工业经济增长点，荣获第五届中国工业互联网大赛“全国百强”企业。

中色大冶始终坚持以科技创新为引领，全力打造高水平研发平台，提升自主创新能力水平，以科技创新推动产业创新，因地制宜发展新质生产力，推进新型工业化建设，走出一条“产、学、研”相结合的创新发展之路。

聚力打造平台“固链”。中色大冶拥有国家认定企业技术中心、博士后科研工作站、国家认可实验室、湖北省有色金属资源开发与综合利用工程技术研究中心和有色金属冶金与循环利用湖北省重点实验室等研发平台。为进一步健全科技创新体系，中色大冶依托国家认定企业技术中心，通过整合设研公司、总部相关部室、专业委员会和相关研发平台等资源，新组建了大冶有色创新研究中心，作为其科技创新的策源地和成果转化的孵化器，其内设有专门的科技创新策划机构和技术开发研究机构，立足其矿山生产、冶化生产、稀贵金属回收、新材料开发、“城市矿产”回收与资源循环利用全产业链，开展科技创新策划与技术开发研究、生产工艺优化与技术指标提升，以及新技术成果推广应用，为安全生产、清洁生产、提质降本增效提供支持，引领产业转型升级和绿色高质量发展。

聚焦技术攻关“强链”。中色大冶充分依托自身研发平台资源，联合北京科技大学、中国恩菲等国内知名高校和顶尖科研设计院所，开展“揭榜挂帅”技术攻关，为其矿山和冶炼两大主业成功实现绿色转型升级提供了技术支撑。矿山板块方面，以丰山铜矿为试点，开展数字矿山资源绿色安全高效开采关键技术攻关，建成智能矿山雏形，实现副井提升、排水、通风、压风系统和碎矿系统等远程集控，采场生产能力提升 4 倍以上，实现矿山生产安全、管理高效一体化管控。冶炼板块方面，老冶炼厂通过开展奥斯麦特熔炼-PS 转炉吹炼绿色生产关键技术攻关，实现奥炉高氧浓度（72%~75%）、高冰铜品位（62%~65%）条件下高效生产；国内首次采用远程控制转炉，初步搭建数字化集中管控平台，实现生产一体化集中管控。通过实施一系列技术攻关，累计获得省部级科技进步奖 120 余项，其中“铜冶炼过程中稀贵金属高效回收关键技术创新与应用”和

“奥斯麦特熔炼系统集成化创新与应用”等成果荣获湖北省科技进步奖一等奖，“含铜炉渣晶相调控清洁浮选新技术及应用”和“铜绿山铜铁矿深部开采通风与防尘综合技术研究”等成果荣获中国有色金属工业科学技术奖一等奖；累计取得授权专利342件（含发明专利79件），主持或参与国际、国家及行业标准研制169项，其中国际标准4项。

聚智价值高端“延链”。中色大冶充分发挥自身铜资源、冶炼产能等优势，以市场需求为导向，积极推进稀贵产品和高性能铜材开发，实现产品价值链延伸。中色大冶稀贵工业园如图3-29所示。稀贵金属板块方面，通过强化稀贵金属资源综合回收技术攻关，自主研发出铜冶炼阳极泥综合回收稀贵元素核心技术，成功开发出铂、钯、硒、碲、铼等新产品，各项技术经济指标达到国际先进水平，研究成果荣获湖北省科技进步奖

图3-29　稀贵工业园

一等奖，并在行业内多家企业得到推广应用，为有色金属行业稀贵金属资源综合回收利用提供了技术示范。铜新材料开发方面，通过开展产线提质关键技术攻关实现产品产量质量飞跃，打开高端消费市场，铜杆 A 级品率、A+级品率双创历史新高，产品质量跻身“质量第一方阵”，为晟祥铜业高质量发展奠定了良好基础。

3. 社会责任及发展愿景

作为铜冶炼行业“共和国长子”，中色大冶坚定地扛起央企的政治责任、经济责任和社会责任，与国家共进、与产业共赢、与环境共生、与社会共享，以赤诚之心践行初心使命，以高质量发展和可持续发展续写家国情怀。在精准扶贫方面，该公司贯彻落实乡村振兴战略，将保障和改善民生作为扶贫工作的出发点，派遣专项工作组驻村开展帮扶工作，通过强化产业、就业、消费、教育等帮扶措施，帮助定点扶贫村贫困户实现脱贫目标，圆满完成扶贫帮扶工作任务。在社会公益方面，中色大冶心系社会责任，关爱社会特需人群、保障员工需求与福利，积极参与抗疫抗洪、抢险救灾、公益助困等活动，推进在职党员干部下沉社区参与基层治理和服务群众常态化，将履行社会责任融入企业发展战略和企业管理之中，谋求企业与社会共同发展。在生态环境保护方面，中色大冶按照“绿水青山就是金山银山”的理念，始终坚持遵规守法、绿色发展、节能减排、清洁生产的环境方针，狠抓生态环境保护工作，不断完善环保管理机制，全力推动重点环保项目建设，同时开展环保主题教育、环保系列宣传教育活动，持续做好习近平生态文明思想教育及环保知识培训工作，促进中色大冶本质环保水平提升。在节能降碳方面，中色大冶始终牢固树立能源转型、绿色低碳发展理念，通过实施矿山智能化建设和科技兴安环、智能工厂建设等项目，先后完成矿山、冶炼系统全流程改造，大幅提高矿山和冶炼生产的自动化、信息化、智能化、绿色化水平，推动中色大冶向安全、高效、绿色的方向持续发展，提升其在矿冶智能化领域的技术实力。

四、铜加工（为主）型企业

铜加工（为主）型企业在产业链中，以铜材料的加工制造为核心业务，能够生产多种规格和性能的铜材及铜合金材料，其生产的产品广泛应用于电力、电子、家电、交通运输、建筑、机械制造等多个行业。

此类企业以浙江海亮股份有限公司和宁波金田铜业（集团）股份有限公司为代表。近年来，此类企业在技术进步和政策支持的推动下，不断引入先进的生产设备和工艺，基本实现了自动化、智能化的生产流程，不断提高生产效率和产品质量，新材料的研发和应用也在推动此类企业的创新发展。中国铜加工（为主）型企业由民营企业占据主导地位，企业数量众多，其中又以中小型企业居多，顶尖厂商数量较少，企业之间的竞争激烈，市场份额相对分散。但同时，这类企业通常具有较高的灵活性，能够快速响应市场需求的变化。近年来，一些大型民营企业已经在国内市场占据了重要地位，正在逐步提升市场占有率，并不断拓展国际市场。

（一）浙江海亮股份有限公司

1. 企业概况

浙江海亮股份有限公司（以下简称“海亮股份”）是海亮集团有限公司旗下核心产业公司，成立于2001年，专注于优质铜产品、导体新材料及铝基新材料的研发、生产与销售，现有员工1万余名（见图3-30）。

图3-30 海亮股份杭州总部大楼

海亮股份主要产品包括铜管、铜棒、铜箔、铜管接件、导体材料和铝型材，广泛应用于制冷、新能源汽车、建筑水管、海水淡化、舰船制造、核电设施、装备制造、电子通信、交通运输、电力、五金机械及印刷电路板等领域。其铜管、铜棒制造设备的80%以上实现了自主研发，拥有独立知识产权，在技术迭代与再生铜应用等方面处于行业领先地位。

顺应新能源产业发展趋势，2021年年底，海亮股份投资89亿元布局铜箔赛道，在兰州建设年产15万吨高性能铜箔项目。项目一期从开工建设到实现规模化量产出货仅用时9个月，创下行业新纪录。2024年，经营业绩再创新高，实现铜及铜合金等有色金属加工材销售量101.05万吨，营业收入达873.87亿元。

2. 国内外产业布局及发展质量

海亮股份在全球设有23个生产基地，其中国内基地主要位于浙江、上海、安徽、广东、四川、重庆、甘肃、山东等省市；海外则主要分布于美国、德国、法国、意大利、西班牙、越南、泰国、印尼、摩洛哥等国家。在国内外积累了大批优质稳定的客户，与超过130个国家或地区的近万家客户建立了长期稳定的业务关系，并与众多在上下游相关行业具有重要影响力的企业形成了战略合作关系。

海亮股份在科研与创新领域成果显著，拥有5项国家级资质和10项省级荣誉及平台。是国家级博士后科研工作站设站单位、国家级绿色工厂、省级创新型企业、省级“三名”示范企业、省级标准创新型企业、省级节水型企业，同时还是国家专精特新“小巨人”企业、高新技术企业，并设有国家CNAS认可实验室、省级企业研究院、省级高新技术研发中心、省级博士创新站、省级劳模工匠创新工作室、省级重点工业互联网平台以及教育部重点实验室“海亮铜加工技术开发实验室”。此外，还拥有一支省级重点创新团队。2022年，公司荣获我国工业领域的最高奖项——中国工业大奖。海亮低碳智能第五代连铸连轧盘管生产线及铜箔无尘生产车间如图3-31和图3-32所示。

图 3-31　海亮低碳智能第五代连铸连轧盘管生产线

图 3-32　海亮铜箔无尘生产车间

3. 社会责任及发展愿景

海亮股份坚持走可持续发展之路，以科技创新为驱动，依托短流程、连续铸造技术，打造高产高效、安全环保的生产模式，构建了节能减排产业体系，探索出具有循环经济特征的新型工业化道路。重视再生资源利用，单位产品碳排放量低于行业平均水平，循环水利用率高，严格执行“三废”管理机制，确保国内基地排放达标，积极引领行业节能降耗。制定《再生铜使用比例考核管理制度》，对基地再生铜使用比例进行双线考核，发布《再生铜进货检验管理制度》，并采用破碎磁选装置提升再生铜分类与检验效率，确保投炉质量。再生铜在降本增效、降碳环保、提升市场竞争力和技术创新方面发挥了重要作用。

同时，海亮股份大力推进可再生能源使用，截至 2024 年年底，全口径分布式光伏发电总容量约 68. 91 兆瓦，年发电量达 7235. 04 万千瓦时，其中自用 6600. 52 万千瓦时，上网 634. 5 万千瓦时，全年减少碳排放约 4. 2 万吨，进一步助力绿色低碳发展。海亮股份绿色发电设备如图 3-33 所示。

展望未来，海亮股份将坚持以科技创新为引领，围绕新产品研发、绿色低碳、数智赋能和全球布局的战略方向，全面推进铜加工、铝加工、铜箔材料及散热铜材等核心业务的转型升级，加快构建绿色智造、全球协同的现代化产业体系。将持续优化研发体系，提升高端产品创新能力，深化再生铜应用与清洁能源替代，推动全产业链绿色低碳转型，不断提升数字化、智能化管理水平，夯实全球供应链协同与运营能力。海亮股份将以“成为全球有色行业绿色智造引领者”的企业愿景为指

图 3-33　海亮厂房屋顶铺设多晶硅光伏组件用于绿色发电

引，秉持“为材料发展增色，为社会进步添彩”的企业使命，不断追求卓越，迈向更加高质量、可持续的发展未来。

（二）宁波金田铜业（集团）股份有限公司

1. 企业概况

宁波金田铜业（集团）股份有限公司（以下简称“金田集团”）成立于1986年，是全球领先的铜及铜合金材料制造企业之一。公司专注于为新能源汽车、清洁能源、人工智能、机器人、轨道交通、通信科技等战略性新兴产业提供铜合金材料综合解决方案（见图3-34）。

金田集团建有国家级企业技术中心和国家级博士后科研工作站，聚焦重点应用领域的关键材料与技术，研发高强、高导、

图 3-34　金田铜业总部全景图

高精度的新型高端铜合金新材料。公司主持或参与制定国家/行业标准 71 项，获授权发明专利 253 件，其中包括日本、美国等国际专利 4 件，并荣获省级以上科技进步奖 20 项。

2. 产业布局及国际化发展

从 1986 年乡办小厂，到如今的中国 500 强企业和铜加工行业龙头企业，金田集团通过产品升级和产业布局，不断扩宽发展边界。

立足宁波，放眼世界，金田集团持续推进全球化布局，在国内的宁波、江苏、广东、重庆、包头以及越南和泰国等地建设八大生产基地，形成产业链完整、规模优势显著、产品种类齐全的竞争格局。同时，在美国、德国、日本、新加坡、泰国、韩国等地设立分支机构，构建起全球供应链体系和销售网络，业务覆盖 100 多个国家和地区，成为众多世界知名企业的长期合作伙伴。

近年来，金田集团秉持全球化视野，深入推进国际化战略。通过新设海外子公司采购平台、引进再生原材料的战略合作，进一步增强全球供应链的稳定性。此外，新建泰国生产基地，扩大越南基地产线规模，强化海外基地联动优势，更好地满足全球客户对一站式铜材采购的需求，2024 年度，境外主营业务收入达 121.61 亿元，同比增长 26.75%。

此外，金田集团积极布局新产品领域，聚焦前沿科技，着力开展 AI 算力高导电高导热石墨烯铜、国产光刻机高纯无氧铜、海工装备铜镍锡、新一代高铁高强高导铜合金等新材料的研发。与欧洲知名材料供应商共同研发的 PEEK 扁线成功获得部分高端新能源汽车厂商订单（图 3-35 所示为新能源汽车的电驱动模块）；研发生产的 5G 通信设备高耐热均温板铜带和 IGBT 陶瓷覆铜板无氧铜带已成功应用于国产消费电子和半导体领域。新能源及散热领域用无氧紫铜排、AI 服务器领域用无氧热管、机器人空心杯电机用电磁线等产品受到市场广泛认可。金田集团年产 35 万吨高导高韧铜线项目和年产 3 万吨高纯低氧铜绞线项目的产品在智能电网、新能源、轨道交通等领域展现出广阔的市场前景。

图 3-35　新能源汽车的电驱动模块

3. 智能制造与绿色化发展

多年来，金田集团坚持通过技术迭代和突破，推动“数智转型”，加快智能 AI 应用试点布局，构建高效管理模式和智能运营体系，用数据驱动管理，提升决策精度，打造金田特色的新质生产力。经过多年自动化、信息化技术沉淀，该公司已进入深度数字化及探索人工智能应用场景新阶段。目前，金田集团 95%的订单实现智能匹配；2024 年企业智能制造项目多达 90 余个，关键设备数字化覆盖率同比提升 6.2%。在“十四五”期间先后建成省级智能化、数字化车间，省级 5G 全连接工厂、未来工厂，工信部卓越级智能工厂等，并获评浙江省人工智能应用标杆企业。

第四章

铜工业大国和强国特征

全球铜工业竞争的本质是资源控制力、技术话语权与战略影响力的多维博弈。本章通过分析铜工业大国、强国的差异化发展路径，为中国铜工业高质量发展提供借鉴，为中国对标国际标杆、明确发展定位提供理论框架。

一、全球铜业大国及强国类型

本节构建铜业强国分类模型。基于资源禀赋、技术能力与战略意图差异，划分不同类型的铜工业大国和强国，解析其核心竞争力来源与产业政策导向，揭示不同发展路径下的优劣势及对全球产业链的影响。

（一）资源主导型

资源主导型是指在资源开发和利用方面具有显著优势和影响力的国家。这类国家通常拥有丰富的铜资源，并且能够在全球铜资源市场中占据重要地位。例如，智利、秘鲁、非洲地区国家及澳大利亚。

1. 智利

智利是世界上铜矿资源最丰富的国家，同时也是世界上开采铜和出口铜最多的国家，在世界铜产业链上占有重要的地位，是铜资源供应大国。由于该国铜资源的巨大地质矿产潜力及20世纪90年代以来良好的采矿投资环境，使其一直保持着世界上最大铜矿生产国地位。

作为拉美地区经济开放度最高、经济和社会发展水平较高的国家，以铜工业为主导的采矿业一直是智利经济的支柱产业。

智利国家铜业公司（Codelco）是全球最大的铜生产商之一，对智利国家财政的贡献相当显著。相关数据显示，2023 年 Codelco 向智利国家财政贡献了 14.26 亿美元。2023 年，智利矿业出口贸易额达到 569 亿美元，约占该国总 GDP 的 18%，矿业带动相关产业对 GDP 的贡献超过 30%。按照智利政府公布的未来 30 年的矿业政策蓝图，其中涉及铜矿生产量的目标，计划在 2050 年前将年产量提高至 900 万吨，这表明铜矿业对智利经济的重要性。智利主要发展指标见表 4-1。

表 4-1　智利 2023 年主要发展指标

人口	1996 万人
人口密度	25.7 人/平方千米
国内生产总值	3107 亿美元
人均国内生产总值	15939 美元
铜资源储量	19000 万吨
铜矿含铜产量	525.1 万吨
精炼铜产量	207.6 万吨
主要矿产品：矿产	矿石铜、钼、金、银
主要矿产品：金属	金银、铜、碳酸锂
矿业部门	矿业部（Ministerio de Minería）
矿业机构	智利铜业委员会（COCHILCO）、智利地质和矿业局（SERNAGEOMIN）
采矿法	矿业法
矿税	《矿业特别税法》（第 20026 号法律）、《矿业特许权使用费修正案》（第 20469 号法律）
外商投资法	外商投资法（第 600 号法律）

续表 4-1

环境法规法	（环境影响评估制度、环境和排放标准等）：环境基本法、矿山安全条例、矿山关闭法
矿业公司	智利铜业公司（CODELCO）、智利矿业公司（ENAMI）
从事采矿活动的外资公司	必和必拓、力拓、嘉能可、英美资源集团、自由港麦克莫兰、安托法加斯塔矿业、泰克资源、伦丁矿业、凯戈汉姆等

数据来源：网络，数据截至 2023 年。

进入 20 世纪后，随着技术的不断进步和生产效率的提高，智利铜工业逐步迈向现代化。本土企业开始涌现并逐渐取代外国公司在智利铜工业中的主导地位。20 世纪中叶，智利政府开始逐步介入铜业发展，实施国有化政策的同时，对铜矿开采的税收体系进行了改革，以确保国家对铜矿资源和市场的控制。到 20 世纪末期，智利通过立法首次允许智利国家铜业公司（Codelco）与私营企业共同组建合资企业，并允许这些合资企业开发智利境内未开发的矿藏。此举引入了更多的私人投资和市场机制，吸引了大量资本流入，为智利铜工业的发展带来了更高效的生产和更强的国际竞争力，从而推动智利铜工业迅速扩张。

进入 21 世纪以来，铜工业一直是智利最重要的经济活动，始终占国家 GDP 的 10% 以上。根据《2022 年世界投资报告》的数据，2022 年智利吸引的外国直接投资额达 197.89 亿美元；1990—2022 年，智利累计吸纳境外投资额达 3369 亿美元，其中矿业是智利接受国外直接投资的主要行业。

铜矿资源　智利已探明的铜储量位居世界第一。根据美国地质调查局公布的数据，截至 2023 年，智利已探明的铜储量（金属量）达到 1.9 亿吨以上，与 2015 年相比减少了 2000 万吨（见图 4-1）。目前，智利的主要铜矿包括科亚瓦西（Collahuasi）铜矿、斯宾塞（Spence）铜矿、洛斯佩兰布雷斯（Los Pelambres）铜矿和埃斯康迪达（Escondida）铜矿等，见表 4-2。据估计，按照当前的开采速度，智利已探明的铜储量可以保障未来大约 100 年的生产需求。

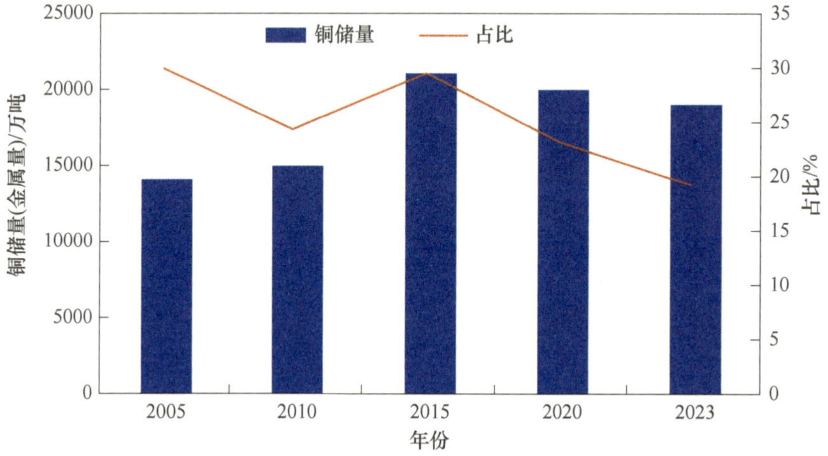

图 4-1　2005—2023 年智利铜储量变化图

（数据来源：USGS）

表 4-2　智利主要铜矿山情况

序号	矿山名称	矿山所有者
1	Escondida	BHP，Rio Tinto Corp.，Japan Escondida
2	Collahuasi	Anglo American，Glencore PLC，Mitsui，JX Holdings
3	El Teniente	Codelco

续表 4-2

序号	矿山名称	矿山所有者
4	Los Pelambres	Antofagasta PLC，Nippon Mining，Mitsubishi Materials
5	Los Bronces	Anglo Amercian，Mitsubishi Corp.，Codelco，Mitsui
6	Chuquicamata	Codelco
7	Andina	Codelco
8	Radomiro Tomic	Codelco

数据来源：ICSG。

铜矿开发与加工　智利是世界上最大的铜矿生产国。铜在智利矿业中占有举足轻重的地位，1960—1990 年，智利的铜矿产量在 30 年间增长了约两倍；1990—2015 年再次实现超两倍增长，达到 577 万吨，约占世界总产量的 30%以上（见图 4-2）。但近年来，随着开采品位的下降，产量并无明显增长，一般保持在每年 550 万吨左右。根据国际铜研究组相关数据显示，2023 年智利的铜矿产量为 525.1 万吨，占全球铜矿总产量的 23.4%，同比下降 1.5%。

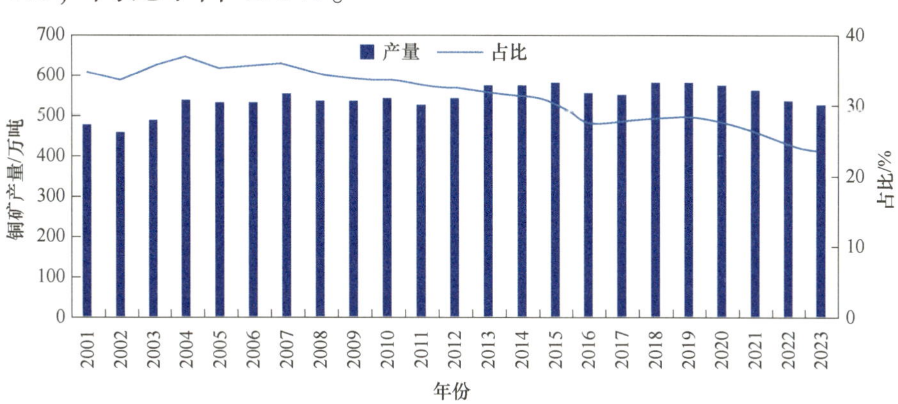

图 4-2　2001—2023 年智利铜矿产量及全球占比变化图
（数据来源：ICSG、安泰科）

智利共有8家铜冶炼厂，其中2家为私人所有，分别为阿尔托诺特（Altonorte）和查格雷斯（Chagres）；4家为智利国家铜业公司（Codelco）所有，分别为丘基卡马塔（Chuquicamata）、波特列里洛斯（Potrerillos）、本塔纳斯（Ventanas）和卡勒托内斯（Caletones）；2家为智利矿业公司（Enami）所有，分别为埃尔南维代拉利拉（Hernan Videla Lira）和新派波特（Nueva Paipote），见表4-3。大多数冶炼厂使用特尼恩特转炉Teniente（CT），还有部分采用诺兰达炉Noranda（CN）和奥托昆普闪速炉Outokumpu（HF）。吹炼则主要采用PS转炉吹炼。

表4-3　智利主要铜冶炼厂

序号	冶炼厂名称	所有者
1	Altonorte（La Negra）	Glencore PLC
2	Chagres（Disputada）	Anglo Amercian，Mitsubishi Corp.，Codelco，Mitsui
3	Chuquicamata（smelter）	Codelco
4	El Teniente（Caletones）	Codelco
5	Hernan Videla Lira（Paipote）	Empresa National de Mineria（ENAMI）
6	Nueva Paipote	Empresa National de Minerial（ENAMI）
7	Las Ventanas（smelter）	Codelco
8	Salvador（Potrerillos）	Codelco

数据来源：ICSG。

铜相关贸易　智利是全球主要的铜精矿及精炼铜出口国之一。凭借其丰富的矿产资源、开放的市场经济环境以及政府对于铜工业发展的重视，智利成为全球最大的铜产品出口国，其铜产品主要出口至亚洲、欧洲和美洲等地区，中国一直是智利铜产品的最大进口国。进入21世纪以来，智利的铜精矿出口量持续增长，而精炼铜产品出口量则逐渐下降。

根据ICSG的数据，2023年智利出口铜精矿产品320.3万吨，同比上升9.0%；2023年智利出口精炼铜产品206.2万吨，同比上升0.7%（见图4-3）。

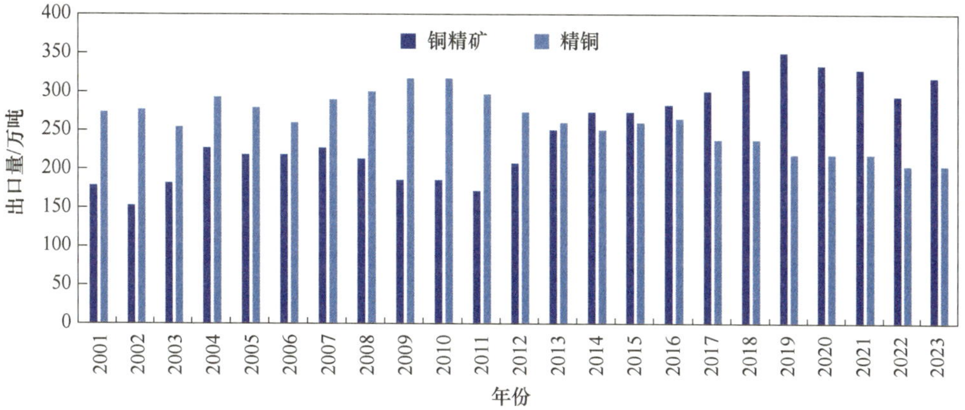

图4-3　2001—2023年智利铜精矿及精炼铜产品出口量变化图

（数据来源：ICSG、安泰科）

主要矿业公司　智利国家铜业公司（Codelco）成立于1976年4月1日，是智利最大的铜生产企业，经营范围涵盖铜矿的开发、开采、提炼、加工与销售等。2023年，智利国家铜业公司（Codelco）的铜产量出现下滑。根据智利铜业委员会（Cochilco）的数据，Codelco的产量下降了8.4%，降至142万吨，这是25年来的最低水平。

安托法加斯塔公司（Antofagasta PLC）是智利主要的铜生产商之一，目前运营着洛斯佩兰布雷斯（Los Pelambres）、森地内拉（Centinela）、安图科亚（Antucoya）和萨尔迪瓦（Zaldivar）四个铜矿项目。

必和必拓公司（BHP）在智利全资拥有斯宾塞（Spence）铜矿和塞罗科罗拉多（Cerro Colorado）铜矿两座矿山，并以57.5%的股权控股经营埃斯康迪达（Escondida）铜矿。

英美资源集团（Anglo American）自1980年开始在智利发展业务，拥有洛斯布隆塞斯铜矿（Los Bronces）、埃尔索尔达多（El Soldado）、曼托斯布兰科斯（Mantos Blancos）、曼托斯弗迪斯（Mantos Verdes）和科亚瓦西（Collahuasi）5座矿山资源，以及Chagres冶炼厂。

智利是全球最大的铜资源国、铜矿生产国和铜矿供应国。然而，智利铜工业的发展仍受到一些因素的制约。一是基础设施不足，尽管智利拥有优质的铜矿资源，但基础设施相对落后，例如铁路、公路和港口等运输能力有限，这使得铜矿的运输和出口受到一定程度的限制。二是环境保护问题，铜矿开采对环境的影响日益受到关注。智利的铜矿多位于安第斯山区，这些地区的生态环境较为脆弱，因此智利政府对铜矿开采的环保要求不断提高。三是劳资关系问题导致罢工频繁，从历史影响较大的罢工事件来看，2017年埃斯康迪达（Escondida）铜矿曾罢工长达44天，造成铜产量减少15万吨。四是冶炼工艺升级缓慢，虽然智利拥有丰富的铜矿资源，但开采技术和冶炼技术提升缓慢，影响了智利铜工业的整体发展。

2. 秘鲁

秘鲁矿产资源丰富，铜、锡、铅、锌、金和银等矿产的储量和产量在世界上都占有重要地位。秘鲁是全球第二大铜生产国，同时也是黄金、银、锌等矿物的主要生产国。采矿业一直是秘鲁经济发展的命脉。秘鲁主要发展指标见表4-4。

表 4-4　秘鲁 2023 年主要发展指标

人口	3372.6 万人
人口密度	24.8 人/平方千米
国内生产总值	2408.84 亿美元
人均国内生产总值	7157 美元
铜矿含铜产量	275.5 万吨
精炼铜产量	40.3 万吨
主要矿产品：矿石	铜、锌、铅、金、银、锡、钼、铁
主要矿产品：金属	铜、铅、锌、锡
矿产主管机关	能源和矿业部（Ministerio de Energía y Minas：MINEM）
矿业相关政府机构	地质矿业与金属研究所（INGEMMET）
采矿法	采矿普通法（1992）
税法	最高法令 NO. 180-2011-EF（修订《特许权使用费法》（2004 年第 28258 号法令）实施细则的最高法令）
外商投资法	私人投资法
环境管制法（环境影响调查制度、是否有环境/排放标准等）	一般环境法（2005 年第 28611 号法）、国家环境管理体系框架法（2004 年第 28245 号法）、国家环境影响评估体系（SEIA）法（27446 号法）等
矿业公司（环境）	Activos Mineros SAC（AMSAC）
从事采矿活动的外资公司	必和必拓、嘉能可、自由港麦克莫兰、英美资源集团、布埃纳文图拉等

数据来源：网络，数据截至 2023 年。

20 世纪初，秘鲁政府开始采取国有化政策。1919 年，秘鲁成立了国家铜业公司 CONCP，开始直接管理铜矿业以确保国家从中获得更多的经济效益。20 世纪末，秘鲁进行了市场自由化改革，并开始实施私有化政策，通过企业经营权转让等方式吸引外国直接投资。这一改革为秘鲁铜工业发展注入了新的资金和技术。

21 世纪以来，秘鲁政府在持续改善投资环境、不断加大吸引外资力度的同时，也开始注重铜工业的可持续发展和社会责任。为此，政府采取一系列环保政策，并鼓励企业在社区发展、劳工权益等方面进行投资，以促进本国铜工业的持续健康发展。

铜矿资源　秘鲁铜储量位居世界前三。根据国际铜研究组（ICSG）的数据，截至 2023 年，秘鲁已探明铜储量约为 12000 万吨，约占全球铜资源的 12%。与 2020 年相比，这一数字增长了 30. 4%，而与 2015 年相比，则增长了 46. 3%（见图 4-4）。秘鲁目前的主要铜矿项目包括邦巴斯（Las Bambas）铜矿、安塔米纳（Antamina）铜矿、安塔帕凯（Antapaccay）铜矿和托克帕拉（Toquepala）铜矿等。

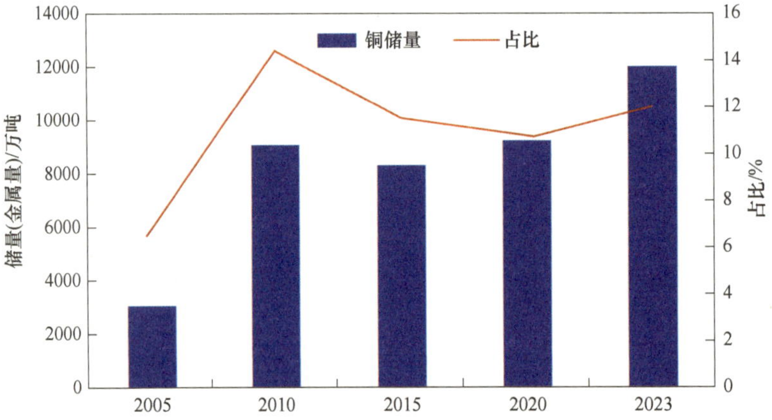

图 4-4　2005—2023 年秘鲁铜储量变化图

（数据来源：ICSG）

铜矿开发与加工　秘鲁是世界主要铜生产国和出口国之一。铜工业在秘鲁经济中扮演着重要的角色。进入21世纪以来，秘鲁铜生产规模持续扩大，其中以2016年邦巴斯（Las Bambas）项目及塞罗贝尔德（Cerro Verde）铜矿二期项目的产能增量尤为显著，铜矿产量在20年间实现了近三倍的增长。

根据国际铜研究组（ICSG）数据显示，2023年秘鲁铜矿产量为275.5万吨，位居全球第二，占全球铜矿总产量的12.3%，同比增长12.7%（见图4-5）。

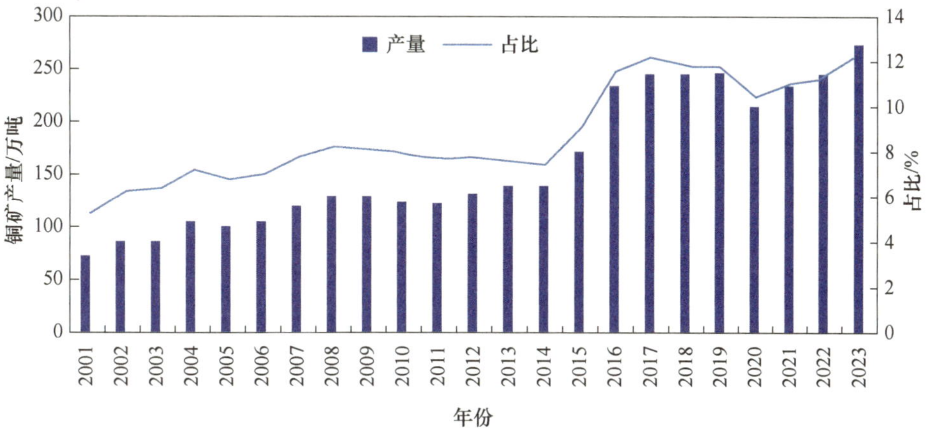

图4-5　2001—2023年秘鲁铜矿产量及全球占比变化图

（数据来源：ICSG、安泰科）

铜相关贸易　近年来，秘鲁铜产品出口规模随产量迅速扩张。根据国际铜研究组（ICSG）数据，2023年，秘鲁出口铜精矿产品达301.8万吨，同比增长21.8%，较2015年增长96.7%；出口精炼铜产品达32.8万吨，同比增长5.8%，较2015年增长23.3%（见图4-6）。可以看出，近年来随着秘鲁铜产量的提高，其铜精矿出口量在15年间同样实现了三倍以上的增长。

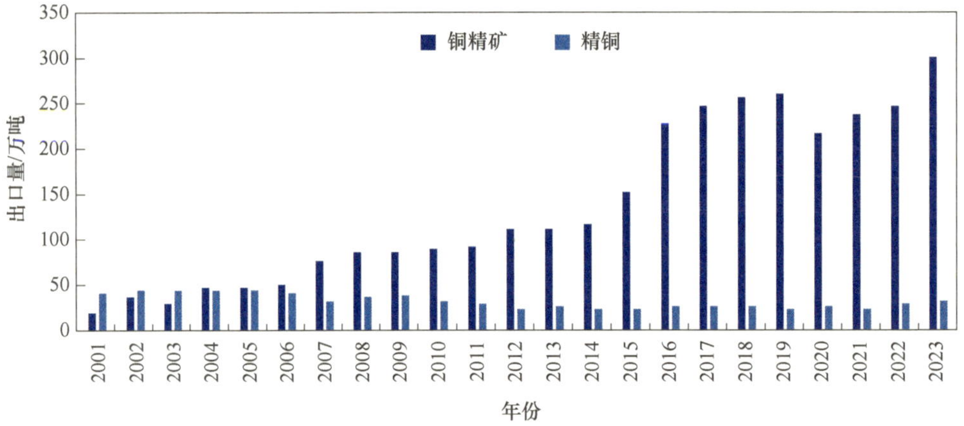

图 4-6 2001—2023 年秘鲁铜精矿及精炼铜产品出口量变化图

（数据来源：ICSG、安泰科）

主要矿业公司 在秘鲁进行铜矿开发的主要矿业公司有：南方铜业公司（Southern Copper Corporation），其总部设在墨西哥，由墨西哥集团（Grupo Mexico）持有 88.9%的股份，在秘鲁拥有托克帕拉（Toquepala）铜矿、洛斯赞卡斯铜矿（Los Chancas）、提玛利亚铜矿（Ti Maria）和米奇基利亚铜矿（Michiquillay）4 座矿山资源，以及 Ilo 和 Toquepala 两座冶炼厂。

美国自由港麦克莫兰公司（Freeport-McMoRan）在秘鲁主要投资和运营着世界上最大的铜矿之一——塞罗贝尔德（Cerro Verde）铜矿，并且投资开采金银矿的布埃纳文图拉（Buenaventura）矿业公司。

中国五矿集团公司通过收购澳大利亚矿企 OZ Minerals 成立的 MMG 矿业公司在秘鲁的子公司投资和运营邦巴斯（Las Bambas）铜矿（拥有 62.5%股份）和 Galeno 铜矿（拥有 60%股份）。

嘉能可（Glencore）是一家瑞士综合性矿业和商品交易公司，运营着秘鲁包括安塔米纳（Antamina）铜矿（拥有33.75%股份）和安塔帕凯（Antapaccay）铜矿在内的多家铜矿。

中国铝业集团公司于2007年收购了位于秘鲁的特罗莫克（Toromocho）项目。该项目于2014年建成投产，特罗莫克铜矿项目在2014年被选为APEC可持续性开发最佳案例，并于2015年6月成功转入商业化运营。

秘鲁是全球重要的矿业国之一，拥有丰富的矿产资源，特别是铜、银、铅、锌等。矿业对秘鲁经济的贡献显著，体现在GDP贡献、吸引外国投资、出口创汇、提供就业机会和税收来源等方面。秘鲁政府鼓励矿业发展的政策和战略，如提供税收优惠等措施，使得矿业活动日趋活跃，吸引了大量外国投资。

然而，投资秘鲁矿业也存在一些风险：一是社会风险，包括当地居民反对开矿的抗议活动和罢工问题，这可能影响矿业合同的正常执行，尤其是矿业与社区关系紧张时，需要矿业公司注意与当地社区居民搞好关系；二是劳工问题，秘鲁工会力量强大，罢工可能成为常态，影响企业的正常生产；三是环保问题，秘鲁环保政策严格，矿业开发需严格遵守环保法规，否则可能面临严厉处罚；四是冶炼工艺升级缓慢，与智利相似，秘鲁虽然拥有丰富的铜矿资源，但铜产业链发展相对滞后，影响了秘鲁铜工业的整体发展。

3. 非洲国家

非洲的铜矿资源主要集中在中非铜—钴矿带，赞比亚、刚果（金）、南非等国家凭借着丰富的铜资源成为世界重要产铜国。据美国地质调查局（USGS）数据，截至2023年，刚果（金）铜储量达8000万吨，占全球铜储量的8.0%；赞比亚铜储量达2100万吨，占全球铜储量的2.1%。然而，两国的铜矿资源在进入21世纪以后才开始重新进入大规模开采阶段，大部分地区勘探程度较低，未来的增储潜力很大。其他非洲国家如南非、津巴布韦、博茨瓦纳等的铜资源也处于不断勘探开发的发展阶段。

铜矿资源 非洲的铜矿资源较为丰富，且具有矿体规模大、品位较高的特点。根据USGS数据显示，截至2023年，刚果（金）的已探明铜储量约为8000万吨，较2015年增长约300%（见图4-7）。刚果（金）目前主要的铜矿项目包括TFM（Tenke Fungrume）铜矿、KFM（Kisanfu）铜矿、科卢韦齐（Kolwezi）铜矿、卡莫阿（Kamoa-Kakula）铜矿和迪兹瓦（Deziwa）铜矿等；赞比亚已探明铜储量约为2100万吨，较2015年上升了5%，与2005年相比增长了10.5%（见图4-8）。赞比亚目前主要的铜矿项目包括莫帕尼铜矿（Mopani）、坎萨希铜矿

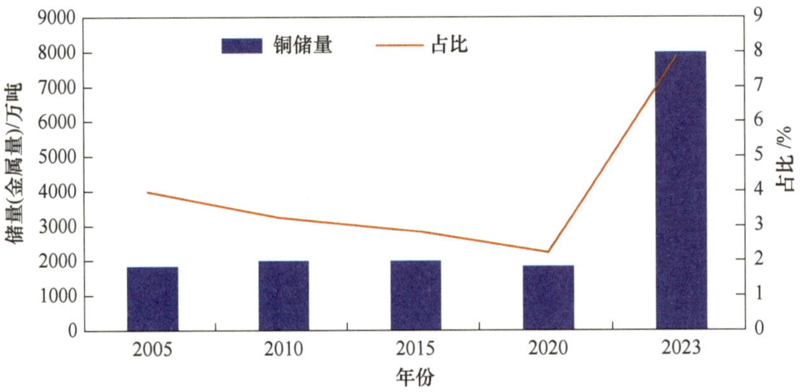

图4-7 2005—2023年刚果（金）铜储量变化图

（数据来源：USGS）

（Kansanshi）、孔科拉铜矿（Konkola）、谦比希（Chambishi）铜矿和卢安夏铜矿（LCM）等。

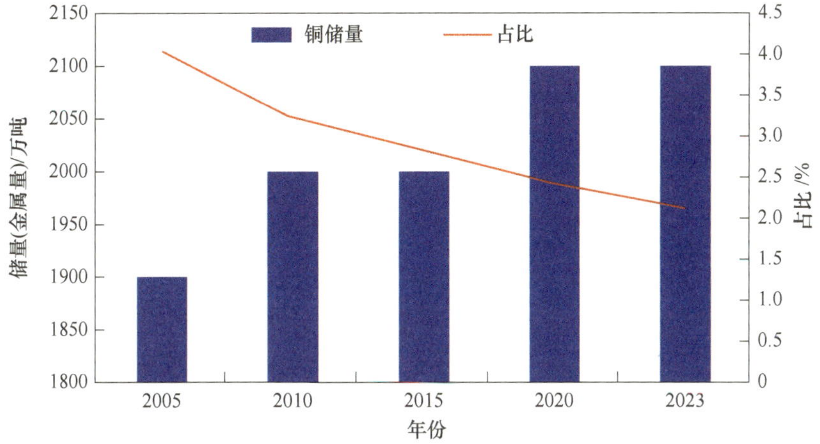

图 4-8　2005—2023 年赞比亚铜储量变化图

（数据来源：USGS）

铜矿开发与加工　非洲的铜矿产量自进入 21 世纪以来快速提升，特别是刚果（金）、赞比亚等国家的铜工业快速发展，产铜量迅速提高。根据国际铜研究组（ICSG）数据显示，2023 年刚果（金）铜矿产量约为 273.7 万吨，占世界铜矿总产量的 12.2%，同比增长 19.3%，较 2015 年增长 71.6%（见图 4-9）。2023 年，赞比亚铜矿产量约为 71.9 万吨，占全球铜矿总产量的 3.2%，同比下降 7.0%，较 2015 年增长 0.3%（见图 4-10）。

铜相关贸易　非洲主要产铜国中铜产品对出口总额的贡献最大。根据国际铜研究组（ICSG）数据显示，2023 年刚果（金）精炼铜净出口量达 125.3 万吨，同比下降 94.6%，较 2020 年下降 7.7%；2023 年，赞比亚精炼铜净出口量为 12.9 万吨，同比下降 32.8%，较 2020 年相比下降 44.7%（见图 4-11）。即便出现较大幅度的减少，非洲依然在世界铜供给链中占有重要地位。

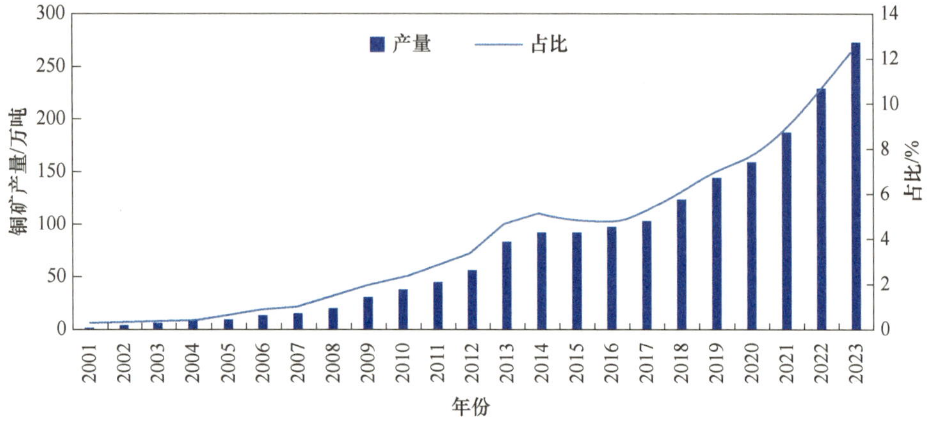

图 4-9　2001—2023 年刚果（金）铜矿产量及全球占比变化图

（数据来源：ICSG）

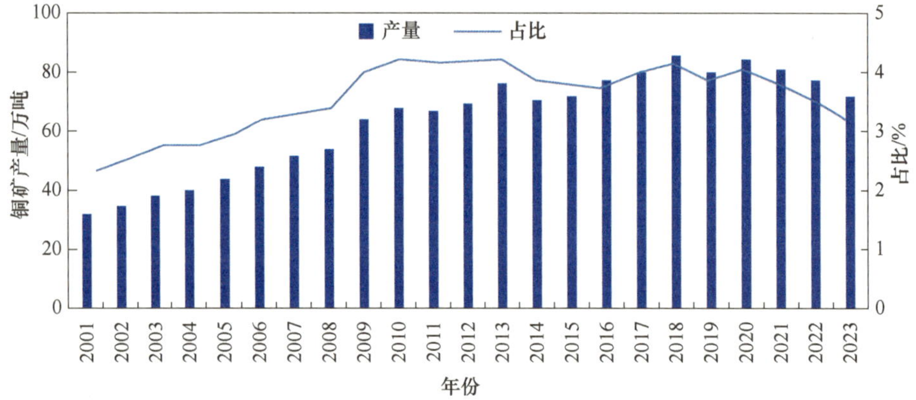

图 4-10　2001—2023 年赞比亚铜矿产量及全球占比变化图

（数据来源：ICSG）

主要矿业公司　刚果（金）国家矿业总公司（Gécamines）。原为比利时在加丹加省的矿业联合公司，成立于 1906 年，1967 年被收归国有，现为刚果（金）最大的国营矿业公司，总部设在卢本巴希，国家占有 100%股权。该公司是刚果

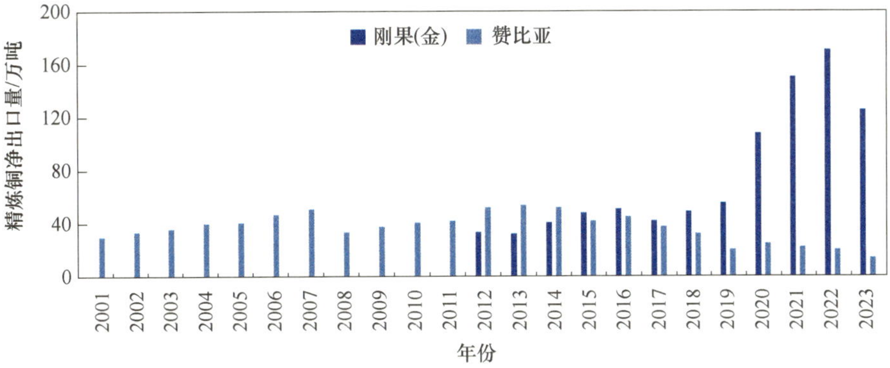

图 4-11　2001—2023 年刚果（金）、赞比亚精炼铜净出口量变化图

（数据来源：WBMS）

（金）政府在矿产领域开展投资和经营的最主要平台，也是矿业合资的最主要对象。刚果（金）《2002 年矿业法》虽然放开了矿产业的私人投资，但规定矿产企业必须由刚果（金）国有企业无偿持有至少 5%的股权，否则不能获得采矿权。因此，合资成为外国投资者进入刚果（金）采矿业的主要方式。刚果（金）国家矿业总公司等国有企业在合资企业中的股权比例通常在 17%至 30%之间，且不可被稀释。刚果（金）国家矿业总公司在刚果（金）拥有终身矿业开发权，目前控制铜储量 5600 万吨、钴储量 400 万吨及其他有色金属资源。

赞比亚联合铜矿投资控股公司（ZCCM-IH）。ZCCM-IH 是赞比亚政府的控股公司，曾参与多个重要矿业的投资与运营。例如，在包括巴里克黄金（Barrick Gold）、韦丹塔资源（Vedanta Resources）和第一量子（First Quantum Minerals）旗下的矿山中拥有 10%～20%的权益。此外，ZCCM-IH 在 2021 年完成了对莫帕尼铜矿（Mopani Copper Mines）的

100%收购。

除了本国的国有矿业公司外，许多国际大型矿业企业均在非洲进行投资，其中中资企业包括洛阳钼业、紫金矿业等；外资企业包括嘉能可（Glencore）、欧亚资源（Eurasian Resources Group）等，均在刚果（金）投资铜矿项目。在赞比亚投资的大型矿业企业包括嘉能可（Glencore）、第一量子（First Quantum Minerals）、中色矿业等。

赞比亚矿产资源丰富，拥有铜、钴、铅、锌等多种有色金属。赞比亚政府鼓励矿业发展，提供税收优惠等措施，外汇管制相对宽松。赞比亚是撒哈拉沙漠以南非洲地区国内环境较稳定的国家之一，经济体制比较自由，法律体系相对健全，政治环境较稳定。但在基础地质勘查方面，地质勘查程度较低，赞比亚的地质勘查工作开展不足，需要矿业投资者自行勘探，投入大、风险高；在技术人才方面，矿业领域的专业技术人才缺乏。赞比亚教育水平整体落后，矿业领域的专业技术和管理人才较为缺乏。在基础设施方面，赞比亚的道路交通、电源电网等基础设施建设相对不足，电力供应缺口较大，影响矿业生产。

刚果（金）铜、钴矿产资源丰富，中国企业在刚果（金）较为集中，目前已经成功投资建设30余个项目。同时，在刚果（金）进行矿产资源开发也存在不少困难和风险。例如，基础设施相对落后，电力供应不足；政府办事效率低下，社会治安差；政策不稳定，变动频繁；合规经营风险增加等。另外，刚果（金）属半内陆国家，仅西部有一处出海口通往大西洋，距东部主要矿业中心较远，加之河流密布和森林覆盖等因素，交通运输主要以内河航运为主，陆路运输较少，空运相对发达。交通运输网是殖民时代形成的，独立后发展有限。近年来，由于内战、国家经济困难等原因，交通运输发展更加滞后，成为继电力供应不足之后另一个严重制约经济发展的瓶颈。

总体上，非洲矿产资源丰富，但由于资源储量多分布在发展中国家，相对基础设施落后，铜消费规模小，产业链整体偏上游，政府寻求通过进一步增进与国际矿业公司的合作来增加从自然资源中的收入。

4. 澳大利亚

澳大利亚是矿产资源丰富的国家截至2022年末，铜储量为1亿吨，位居世界第二。澳大利亚矿业在国家经济中占据重要地位，2022年矿业相关产品占国内生产总值的13.7%，并且占澳大利亚总商品出口的三分之二以上。澳大利亚主要发展指标见表4-5。

表4-5 澳大利亚2023年主要发展指标

人口	2682万人
人口密度	3.3人/平方千米
国内生产总值	1.69万亿美元
人均国内生产总值	约6.35万美元
铜矿含铜产量	79.7万吨
精炼铜产量	44.2万吨
主要矿产品：矿石	铁矿石、铜、铅、锌、镍、金、银、铝土矿、钛铁矿、金红石、锆石、锂、铀、煤
主要矿产品：金属	铝、铜、金、铅、铁、镍、银、锌

续表 4-5

矿产主管机关	联邦政府：工业、创新和科学部；新南威尔士州：规划、工业和环境部；昆士兰州：自然资源、矿业和能源部；南澳大利亚：能源和矿业部；TAS：国家发展部；维多利亚州：就业、辖区和能源部；西澳大利亚：矿业和石油部；北领地：第一产业和资源部
矿业相关政府机构	澳大利亚地球科学（GA）、联邦科学与工业研究组织（CSIRO）
采矿法	新南威尔士州：1992 年采矿法；QLD：1989 年采矿法；SA：1971 年采矿法；TAS：1995 年矿产资源开发法；VIC：1990 年矿产资源（可持续发展）法；WA：1978 年采矿法；NT：2010 年矿权法
环境管制法（环境影响调查制度、是否有环境/排放标准等）	联邦政府：《1999 年环境保护和生物多样性保护法》（EPBC 法） 新南威尔士州：《1997 年环境保护运营法》 QLD：《1994 年环境保护法》 SA：《1993 年环境保护法》 TAS：《1994 年环境管理和污染控制法》 VIC：《1987 年规划和环境法》 西澳大利亚：《1986 年环境保护法》 北领地：《1994 年环境评估法》
从事采矿活动的私营公司	必和必拓、力拓、英美资源集团、嘉能可、Newcrest Mining、Newmont Mining、Gold Fields、South32、OZ Minerals、Fortescue Metals Group、MMG、Iluka Resources 等

数据来源：网络，数据截至 2023 年。

澳大利亚的采矿政策自 2017 年以来经历了一系列变化，旨在适应全球矿产资源需求的新变化和趋势。

在政策框架设计方面，澳大利亚出台了包括《2017—2022

年国家矿产资源勘查战略》在内的多个新政策报告和举措，形成了新的矿产资源政策框架，以促进矿业向需求驱动转型，吸引全球资本投入，并提升在全球市场的主导地位。2023 年 12 月，澳大利亚更新了《关键矿产清单》，新增了氟、钼、砷、硒和碲等矿种。同时，澳大利亚还推出了《战略材料清单》，包括铝、铜、镍、磷、锡、锌等矿产。

在国际合作方面，澳大利亚重点与美国及英联邦国家合作，建立更加多样化和安全的关键矿产供应链，并为关键矿物制定国际标准体系。例如，澳大利亚与印度签署了谅解备忘录，在关键矿产方面建立合作伙伴关系，共同发展关键矿产供应链。

在投资环境方面，澳大利亚政府鼓励投资并改善贸易和投资环境，同时重视原住民在关键矿产领域的参与和权益。政府还计划巩固在环境、社会和治理（ESG）标准方面的领导地位，并开放关键基础设施和服务投资。

铜矿资源　澳大利亚一直是世界重要的铜矿和精炼铜生产国，拥有丰富的铜矿资源。根据 USGS 数据，2023 年澳大利亚铜储量达 1 亿吨，约占全球总储量的 10%（见图 4-12）。

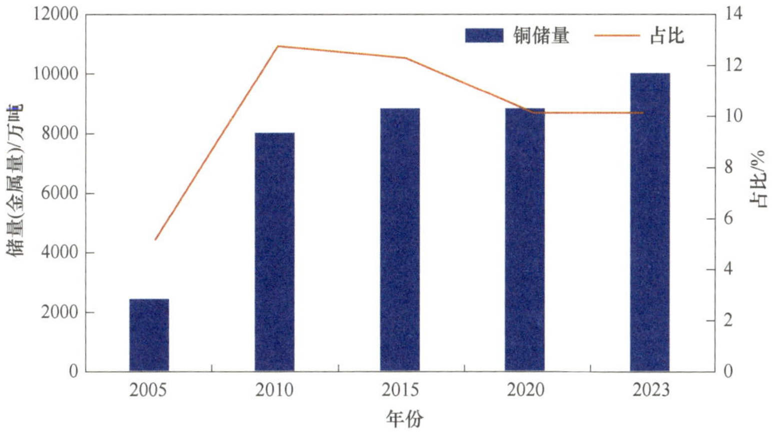

图 4-12　2005—2023 年澳大利亚铜储量变化图

（数据来源：USGS）

近些年，在澳大利亚开展铜矿经营的公司主要有斯特拉塔（Xstrata PLC）（2013 年被嘉能可收购）、巴尔明柯（Barminco Pty Ltd.）、阿迪泰亚伯拉矿产有限公司（Aditya Birla Minerals Ltd.）、必和必拓（BHP）、力拓（Rio Tinto）、斯特莱特工业（印度）有限公司（Sterlite Industries（India）Ltd.）、巴里克金矿公司（Barrick Gold Corp）、纽克里斯特采矿有限公司（Newcrest Mining Ltd.）等，这些公司构成了澳大利亚铜矿业的基础和中坚力量。

铜矿开发与冶炼 澳大利亚有 3 座铜冶炼厂和 3 座铜精炼厂，分别是芒特艾萨（Mount Isa）铜冶炼厂、奥林匹克坝（Olympic Dam）铜冶炼厂、肯布拉港（Port Kembla）铜冶炼厂、奥林匹克坝（Olympic Dam）铜精炼厂、肯布拉港（Port Kembla）铜精炼厂和汤斯维尔（Townsville）铜精炼厂（见表 4-6）。该国的冶炼产量情况如图 4-13 所示。

表 4-6 澳大利亚主要铜矿山和冶炼厂统计

序号	矿 山	所有者/运营商
1	卡迪亚河谷（Cadia Valley）露天矿和地下金铜矿（包括卡迪亚东 CadiaEast，卡地亚山 Cadia Hill 和里奇韦 Ridgeway）	Newcrest Mining Ltd.
2	科巴地下铜矿	Glencore PLC
3	埃洛伊塞 Eloise 地下铜矿	富资投资有限公司（FMR Investments Pty Ltd.）
4	德格鲁莎 DeGrussa 地下金铜矿	Sandfire Resources NL
5	Golden Grove 地下锌铜矿	MMG Ltd. 运营商中国五矿集团
6	赫利尔 Hellyer 地下锌-铅-铜-银矿	贝斯金属有限公司（Bass Metals Ltd.）

续表 4-6

序号	矿　山	所有者/运营商
7	Lady Annie 铜矿（溶剂萃取—电积）	中科矿业集团有限公司（CST Mining Group Ltd.）
8	Leichhardt 铜矿（兰伯特角港资源 Cape Lambert Resources Ltd.）	Aditya Birla Minerals Ltd.
9	Mount Gordon 露天铜矿（溶剂萃取—电积）	Glencore PLC
10	Mount Lyell 地下铜金矿（塔斯马尼亚铜矿）	斯特里特工业公司（Pty Ltd. Sterlite Industries (India) Ltd.）
11	尼夫蒂露天铜矿（Nifty）（溶剂萃取—电积）	Aditya Birla Minerals Ltd.
12	Northparkes 露天矿和地下铜金矿	友金属矿山大洋洲公司（Sumitomo Metal Mining Oceania Pty. Ltd.）；SC 矿产资源公司（SC Mineral Resources Pty. Ltd.）
13	奥林匹克大坝地下铜-银-金-铀矿	奥林匹克大坝公司（BHP Billiton Olympic Dam Corp. Pty. Ltd.），operator（BHP Billiton Woomera，SA Ltd.）
14	Osborne 地下铜金矿	Ivanhoe Australia Ltd.
15	Pro minent Hill 露天矿和地下铜金矿	OZ Minerals Ltd.
16	罗斯伯里地下锌-铅-银-铜-金矿	澳大利亚矿产金属集团有限公司，运营商中国五矿有色金属股份有限公司
17	Telfer 铜矿和金矿	艾芬豪澳大利亚公司（Newcrest Mining Ltd.）
18	特里顿地下矿（Tritton）	海峡资源公司（Straits Resources Ltd.）
序号	冶　炼	所有者/运营商
1	Mount Isa 铜冶炼厂	Glencore PLC
2	奥林匹克大坝铜冶炼厂	Olympic Dam Operations Pty. Ltd.，运营商 BHP
3	汤斯维尔铜精炼厂	Glencore PLC

数据来源：USGS。

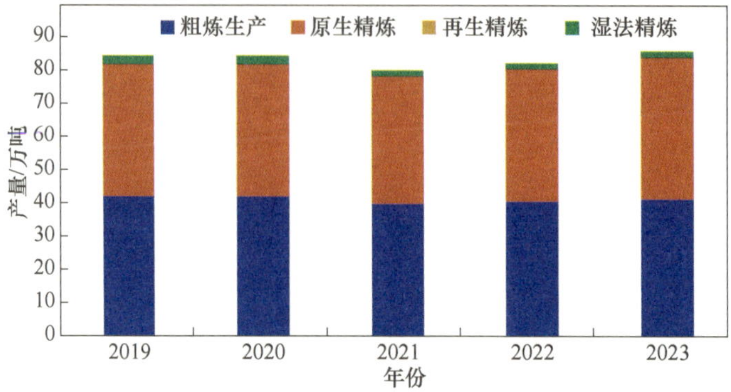

图 4-13　2019—2023 年澳大利亚铜冶炼产品产量变化图

（数据来源：ICSG）

澳大利亚主要铜生产矿山有奥林匹克坝（Olympic Dam）、卡迪亚山（Cadia Hill）、科巴（Cobar）、埃洛伊斯（Eloise）、欧内斯特亨利（Ernest Henry）、金色格罗夫（Golden Grove）、拉迪安妮（Lady Annie）、莱卡特（Leichhardt）、芒特戈登（Mount Gordon）、芒特艾萨（Mount Isa）、芒特莱尔（Mount Lyell）、尼夫提（Nifty）、北公园（Northparkes）、奥斯博恩（Osborne）、山脊路（Ridgeway）、塞尔温（Selwyn）等。该国铜矿产量变化情况见图 4-14。

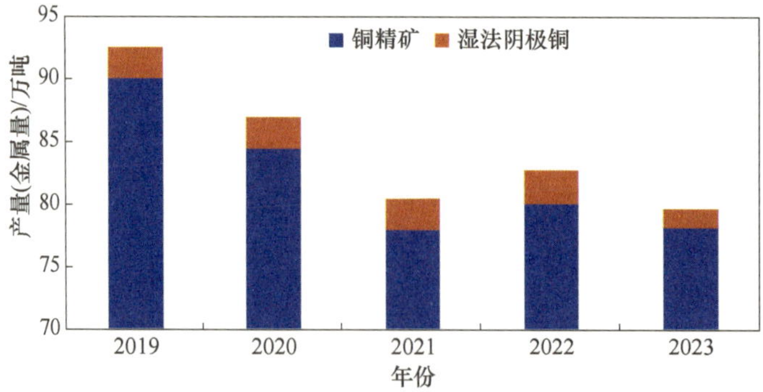

图 4-14　2019—2023 年澳大利亚铜矿产量变化图

（数据来源：ICSG）

铜相关贸易　澳大利亚是传统的铜产品出口贸易国，根据ICSG统计显示，2023年澳大利亚出口铜矿含铜量40.7万吨，较2022年略有下降，约占国内产量的50%，主要出口到亚洲国家（见图4-15）。

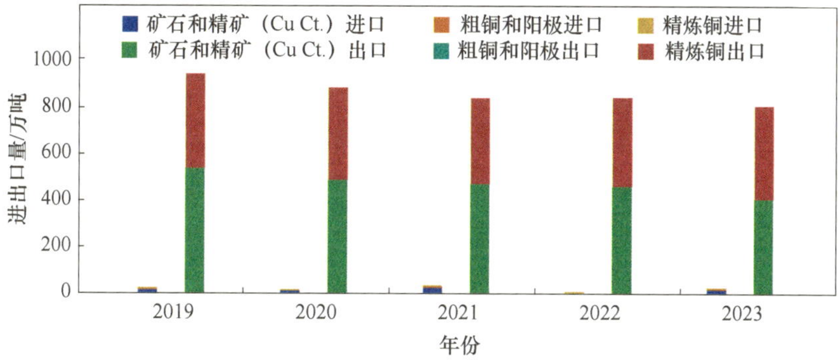

图4-15　2019—2023年澳大利亚铜相关产品进出口量变化图
（数据来源：USGS）

主要矿业公司　澳大利亚拥有众多全球知名的矿业公司，其中必和必拓（BHP）和力拓集团（Rio Tinto）主要业务涵盖铁矿石、煤炭、铜矿等领域，为全球钢铁和有色金属行业提供了大量的原材料。

必和必拓（BHP）是一家全球领先的跨国资源公司，成立于1885年，主要业务包括铁矿石、冶金煤、铜、铝、锰、银等多种大宗商品的生产和销售。公司在全球开展业务，主要产品包括铁矿石、煤、铜、铝、石油、液化天然气、镁、钻石等。公司在澳大利亚、伦敦和纽约的股票交易所上市。2023年，必和必拓的铜产量达到了全年生产指导目标。其中，斯宾塞铜矿年产量达到24万吨，奥林匹克大坝铜产量达21.2万吨。2023年，必和必拓的营收为538亿美元，基本利润为134亿美元。

在资源并购方面，必和必拓于 2023 年 5 月完成了对 OZ Minerals Ltd. 的收购，并在南澳大利亚开展新的勘探钻探作业。

力拓集团（Rio Tinto）成立于 1873 年，是全球最大的资源开采公司之一，主要业务包括铁矿石、铝、铜、钻石、工业矿物的开采和生产。该公司在全球开展业务，拥有约 57000 名员工，专注于铁矿石、铜、铝和其他矿物的生产。根据 2024 年 2 月 21 日公布的财务数据，力拓的息税折旧摊销前利润（EBITDA）达到了 239 亿美元，其净利润为 101 亿美元。该公司 2023 年铜产量为 62 万吨，同比增长 2%。

澳大利亚是典型的矿产资源供应强国，是世界重要的矿产资源出口国。澳大利亚之所以能成为全球矿产资源供应强国，主要有以下几个原因：一是澳大利亚矿产资源丰富，矿产资源储量世界排名第 4 位；二是澳大利亚位于环太平洋国家的中心位置，毗邻东亚这一全球工业化中心，又是一个岛国，占据了地利与交通优势；三是澳大利亚拥有世界上顶级的跨国矿业公司，如必和必拓（BHP）、力拓集团（Rio Tinto）等，以这些公司为主体，澳大利亚在全球范围内开发矿产资源，是在海外拥有矿山数量最多的国家之一。依托庞大的资源占有能力和市场操控能力，澳大利亚几乎垄断了全球焦煤、铁矿石、氧化铝等矿产资源的市场，获取了巨额利润。值得注意的是，美国的华尔街资本在澳大利亚的多数矿业公司都有投资。

以必和必拓（BHP）为例，它是全球矿业巨无霸，最多时拥有 12.4 万名员工，在全球 25 个国家拥有生产基地，开发着近 20 种矿产资源，拥有全球最大的、最优质的铁矿、铜矿、焦煤矿。它是全球三大铁矿石供应商之一，全球最大的动力煤生产和销售企业之一，全球最大的海运炼焦煤供应商之一，世界最大的铜、银、铅生产企业之一。该企业垄断了亚太地区的焦煤、铁矿石、铜、氧化铝、铅矿等近10个矿种的市场。

在这些矿业公司的加持下，澳大利亚成为全球矿产资源贸易市场操控能力最强的国家之一。首先，澳大利亚的矿业公司在全球大部分地区都在经营矿产资源，整个美洲、大洋洲、欧洲都有澳大利亚公司的身影，同时在非洲、东南亚、中东、中亚等地区也频频出手；其次，澳大利亚的矿业公司通过资本运作与美国、英国、加拿大、巴西、智利、日本等国的矿业公司都有着千丝万缕的联系，必要时可以联合这些企业来实现共同的利益诉求。

例如，智利北部的埃斯康迪达（Escondida）铜矿是世界上最大的铜矿之一，必和必拓（BHP）占有其57.5%的股份，力拓集团（Rio Tinto）占有30%的股份，以三菱商事株式会社为首的日本财团持有10%的股份，国际金融公司（International Finance Corporation）持有2.5%的股份。

通过资源占有与资本运作手段，澳大利亚不但占有了全球优质的矿产资源，而且与相关国家形成了利益共同体，可以同进同退，垄断了全球焦煤、铁矿石、铜、铅矿市场。

（二）技术主导型

技术主导型是指该国家通过技术创新和科技进步，显著提升铜资源的开发利用效率、生产加工水平以及产品的附加值，从而在国际市场上具有强大的竞争力和影响力。德国是技术主导型的典型铜业强国，下面对该国做详细介绍。

德国铜矿资源稀缺，除了再生利用外，缺口完全需要通过进口来解决。但德国是欧洲重要的铜工业国家，其铜工业历史悠久、技术先进，在全球铜工业中占据重要地位。德国主要发展指标见表 4-7。

表 4-7　德国 2023 年主要发展指标

人口	约 8470 万人
人口密度	225.4 人/平方千米
国内生产总值	4.12 万亿欧元
人均国内生产总值	4.88 万欧元
精炼铜产量	59.6 万吨
精炼铜消费量	92 万吨
精炼铜人均消费	10.86 千克/人
主要矿物产品：矿石	铁矿石、煤炭
主要金属产品	铝、铜、铅、硒、锌
采矿活动中的私营公司	Zinnwald、KSL、Nodenham Refinery（Glencore）、Lünen Refinery（Aurubis）、Neuss Smelter（Norsk Hydro）等

数据来源：网络，数据截至 2023 年。

德国的铜加工企业遍布全国各地，形成了完整的产业链。这些企业不仅在国内市场上占据重要地位，还积极参与国际市场竞争，出口大量高质量的铜产品。其中冶炼和加工企业主要集中在巴伐利亚州和萨克森州。德国铜冶炼企业主要是奥鲁比斯（Aurubis），生产阴极铜、铜线材和铜管等产品。铜合金产业尤其发达，德国是中国铜合金的重要进口来源地之一。德国拥有多家世界知名的铜合金制造商。

德国是欧洲最大的铜消费国之一，主要用于建筑、汽车、电力和电子行业。其中，建筑业和汽车行业是铜消费的主要领域。德国是全球重要的铜贸易国之一，主要进口废铜和阳极铜，出口阴极铜和铜制品。

随着环保要求的提高，德国铜工业也在逐步实现绿色生产。例如，奥鲁比斯（Aurubis）公司采用硫化物氧化还原技术处理含铜废水，实现了废水的零排放。

虽然资源有限，但德国通过技术创新和废铜回收等手段，满足了国内市场的需求，并成为全球主要的铜制品出口国之一。

1. 矿产品产量

德国传统上是煤矿、钢铁业发达的地区，13 世纪在德国西部的鲁尔地区就开始开采煤炭。之后，随着工业化的推进，德国钢铁等重工业也逐步发展起来。但随着德国经济的发展和环保要求带来的成本日益提升，德国矿业逐渐萎缩。2018 年 12 月 21 日，鲁尔地区最后一座煤矿——普罗斯珀·哈尼埃尔煤矿关闭。1982 年，德国政府公布了新的矿业法《联邦矿业法》（BBerG），旨在简化该国矿业部门的框架，强化透明度。目前，德国除了煤炭以外，主要生产铁矿石。对于有色金属，除了开采钾、镁、石墨等外，还正在进行锂的勘探。根据相关统计显示，德国本地没有铜矿山，矿产原料 100%依靠进口。

2. 冶炼与加工

根据国际铜研究组（ICSG）的统计，2023 年德国精炼铜产量为 59.6 万吨，其中再生精炼铜占到总产量的 43%，再生利用比例明显高于全球平均水平（见图 4-16）。消费方面，2023 年德国铜消费量约为 92 万吨，较 2022 年有明显下滑。尽管德国国内没有矿产资源开发，精炼铜的生产能力也远低于中国、智利等国家，但德国凭借先进的生产技术和设备、技术创新及产品研发能力、卓越的产品品质以及全球化的经营模式，在全球铜工业中占据非常重要的地位。在全球最具知名度的铜加工企业中，德国占据两席。中国以外的全球具有知名度的铜加工企业情况见表 4-8。

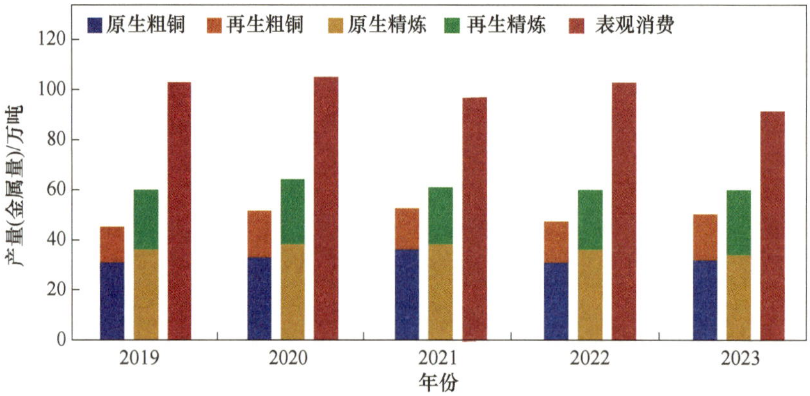

图 4-16　2019—2023 年德国主要铜金属产品产量变化图

（数据来源：ICSG）

表 4-8　中国以外的全球具有知名度的铜加工企业情况

企业名称	主 要 产 品
德国奥鲁比斯（Aurubis）公司	线材、型材、冷轧产品、特殊铜和铜合金
凯美欧洲金属公司（Kemei European Metal Company）	各种建筑、工业铜轧制品
美国环球金属制品（American Global Metal Products Co. Ltd.）	铜及铜合金板、带、箔、管材、板材、复合材料
德国维兰德（Verlander GmbH，Germany）	铜板带、铜管、铜棒、型材及异型材、铜制品
韩国丰山公司	铜及铜合金板带、杆、线、引线框架、镀锡带
日本神户制钢有限公司	电子铜带、铜管及管件等铜合金材料

数据来源：中国有色金属加工工业协会。

3. 铜相关贸易

根据国际铜研究组（ICSG）的数据显示，2023年德国铜精矿进口量为37万吨，占全球当年铜精矿进口总量的0.9%，同比增长27.9%；粗铜进口量为0.6万吨，同比下降93.4%。精炼铜进口49.2万吨，同比下降19.5%（见图4-17）。

出口方面，2023年德国铜精矿出口量为1.1万吨，同比下降8.7%；粗铜出口0.9万吨，同比下降55.5%；精炼铜出口16.8万吨，同比下降11.7%。

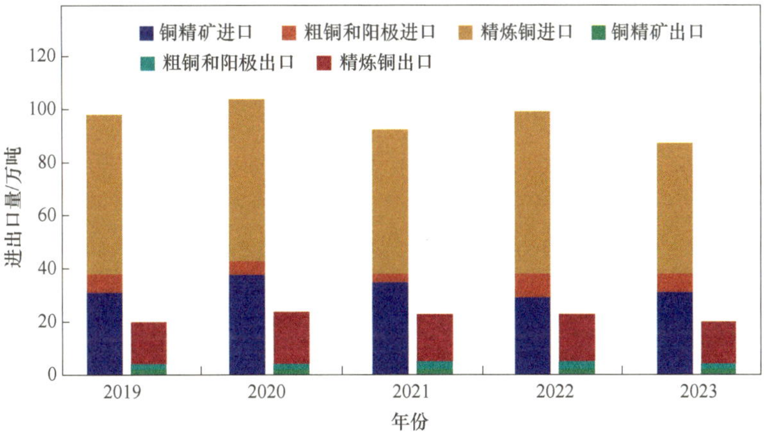

图4-17　2019—2023年德国铜产品进出口贸易变化图

（数据来源：ICSG）

4. 主要铜业公司

（1）德国奥鲁比斯（Aurubis）公司，是欧洲最大的铜生产商，成立于1866年，是一家股份公司。2009年4月1日，北德精炼公司（Norddeutsche Affinerie）与比利时Cumerio公司重组后，更名为奥鲁比斯（Aurubis AG）。每年生产大约100万吨电解铜和120多万吨的铜加工产品，在欧洲和美国的生产基地拥有约7100名员工，并在比利时（Beerse、Olen）、保加利亚

(Pirdop)、德国(Emmerich、Fehrbellin、Hamburge、Lünen、Röthenbach、Stolberg)、意大利(Avellino)、芬兰(Pori)、西班牙(Berango)和美国(Buffalo)设有工厂。

奥鲁比斯(Aurubis)公司经营范围以铜冶炼加工为主,涉及废杂铜回收、电解铜的生产与销售,以及铜加工产品包括线材、型材、冷轧产品及特殊金属铜和铜合金制品。主要产品:棒材、线材(用于光缆以及变压器、发电机的漆包线);板带(生产2~8毫米的预轧板带和0.1~3毫米的成品板带);异形线材(生产2~15毫米直径的异型线材)。主要客户来自铜半成品加工、电气工程、电子和化学工业、建筑和汽车行业。Aurubis公司铜业务分布情况见表4-9。

表4-9 Aurubis公司铜业务分布情况

业务分类	公司名称	控股比例/%	主营产品
电解铜和材料	比利时Aurubis公司(前Cumerio公司)	100	电解铜
	保加利亚Aurubis公司	99.77	电解铜
	德国Retorte公司	100	生产高纯度硒和合金,应用于铜、铟、硒材质的太阳能电池
	德国Peute Baustoff公司	100	铁硅酸盐制品,应用石材生产和建筑
废铜回收和再生铜加工	德国Cablo公司	100	金属再生利用
	德国E.R.N电子废料公司	70	电子废料处理
	比利时C.M.R国际公司	50	为欧洲和美国提供铜相关产品的供应商

续表 4-9

业务分类	公司名称	控股比例/%	主营产品
金属铜和铜合金制品	意大利 Aurubis Italia SPA 公司	100	铜冶炼和精炼
	德国 Aurubis Stolberg 公司	100	高精度铜及铜合金带、线材，铜回收
	斯洛伐克 Aurubis Slovakia 公司	100	铜及铜合金切割
	瑞士 Aurubis Switerland SA 公司	100	生产铜棒和低合金铜型材
	德国 Schwermetall Halbzeugwerk KG 公司	50	铜、黄铜制品和带材
	德国 Deutsche Giessdraht 公司	60	生产铜棒和铜盘条
	德国 CIS Solartechnik Gmbh 公司	50	含铜薄型材料，用于太阳能电池

数据来源：公司年报。

（2）德国维兰德公司（Wieland-Werke AG），成立于 1820 年，总部位于德国，主要产品包括铜板带、铜管、铜棒、型材及异型材、铜制品等，在全球范围内拥有 79 家生产部门、服务中心和子公司。年销售额约 63 亿欧元，员工人数约 9400 人，产品年销售量约 45 万吨。

德国的铜工业在国家工业战略中占据重要地位，被视为关键行业之一。这表明德国政府对铜工业的高度重视，同时德国在全球铜加工和材料领域具有显著的地位和影响力，尤其是在精密材料方面，属于材料型强国。

德国铜工业的优势在于其强大的制造业基础和先进的技术水平。德国制造业以其高质量和技术创新而闻名，铜工业作为其中的一部分，同样受益于这些优势。此外，德国在循环经济方面的努力也为铜工业带来了新的发展机遇，通过提高资源效率和促进铜的回收利用，德国铜工业在可持续发展方面取得了显著进展。

然而，德国的铜加工和材料产业的发展也面临一些挑战，包括原料成本的上升以及中国加工业发展对德国加工产业的冲击等。这些因素对德国铜工业的原材料供应和国际地位产生了一定影响。

综上所述，得益于德国政府的支持及其制造业的优势，德国的铜工业在全球铜市场中占有重要位置。尽管面临一些挑战，但德国铜工业通过技术创新和循环经济的发展，展现出其竞争力和可持续发展的潜力。

（三）战略主导型

战略主导型是指通过国家战略布局与产业政策引导，在铜资源开发、冶炼加工、技术应用及全球供应链控制等环节占据主导地位，具备国际竞争力和话语权的国家。日本是战略主导型的典型铜业强国，下面对该国做详细介绍。

日本矿产资源十分匮乏。根据有关数据统计显示，日本有储量的矿种仅有 12 种，而且多数不具备经济开采价值。20 世纪 20—80 年代，日本曾是继美国、苏联之后的世界第三大矿产资源消费国，铜消费排名第二位。日本主要指标见表 4-10。

表 4-10　日本 2023 年主要发展指标

人口	1.23 亿人
人口密度	328 人/平方千米
国内生产总值	50817 亿美元

续表 4-10

人均国内生产总值	40330 美元
精炼铜产量	149.4 万吨
精炼铜消费量	81.7 万吨
精炼铜人均消费量	6.64 千克/人
主要矿物产品：金属	铜、铅、锌等
主要矿业公司	三菱商事株式会社、日本三井集团、日本住友集团、日本矿业金属公司、日本日铁矿业公司、日本同和矿业公司、日本矿业控股公司等

数据来源：网络，数据截至 2023 年。

1. 铜产品产量和消费量

日本的铜产量较为稳定。根据国际铜研究组（ICSG）数据显示，2023 年日本精炼铜产量约为 149.4 万吨，占全球精炼铜总产量的 5.6%，同比下降 3.7%，较 2015 年增长 0.7%。自 2005 年以来，日本精炼铜产量基本保持在 150 万吨左右，占世界精炼铜总产量的一定份额（见图 4-18）。

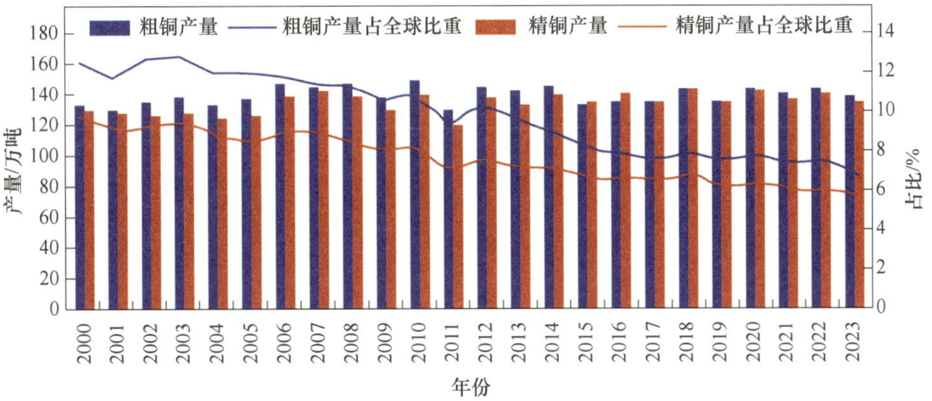

图 4-18 2000—2023 年日本铜冶炼产量及全球占比变化图

（数据来源：ICSG、安泰科）

日本是世界主要铜消费国之一，是传统的铜消费大国。根据国际铜研究组（ICSG）数据显示，2023年日本精炼铜消费量为81.7万吨，占全球精炼铜消费总量的3.1%，同比下降9.7%，较2015年下降18.1%，与2005年相比下降了33.5%。日本在全球精炼铜消费总量的占比相较于2015年的水平下降了1.2个百分点（见图4-19）。自2010年以来，日本的精炼铜消费水平基本保持稳定，其主要消费领域集中在汽车产业。

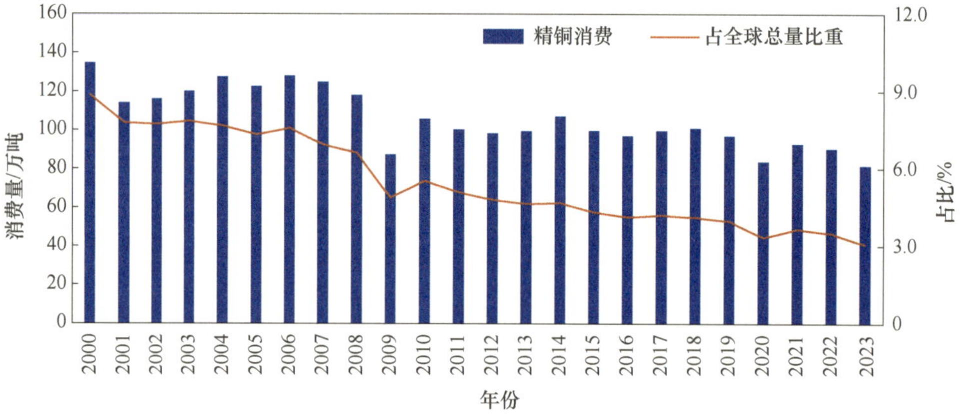

图4-19　2000—2023年日本精炼铜消费量及全球占比变化图

（数据来源：ICSG、安泰科）

2. 铜产品进出口贸易

日本铜精矿进口量居世界前列。日本自然资源匮乏，铜矿产原料自给率极低，主要原料、燃料等都高度依赖海外进口。根据国际铜研究组（ICSG）数据，2023年日本铜精矿进口量约为116.5万吨，占全球当年铜精矿进口总量的9.8%，同比增长7.9%，但较2015年下降4.1%。近年来，日本的主要铜精矿进口来源包括智利、秘鲁、加拿大、澳大利亚、美国和印尼等，其中从智利进口的铜精矿总量占总进口量的45%以上（见图4-20）。

出口方面，日本是世界精炼铜出口国之一。2023年，日本精炼铜净出口量约为70.9万吨，约占全球当年精炼铜总出口量的7.9%，同比增长8.7%，较2015年增长31.1%，与2005年相比提升185.9%。日本的主要精炼铜出口去向包括中国、印度、泰国和马来西亚等（见图4-20）。日本对中国大陆出口精炼铜量约占其精炼铜出口总量的20%，是中国主要精炼铜进口来源国之一。

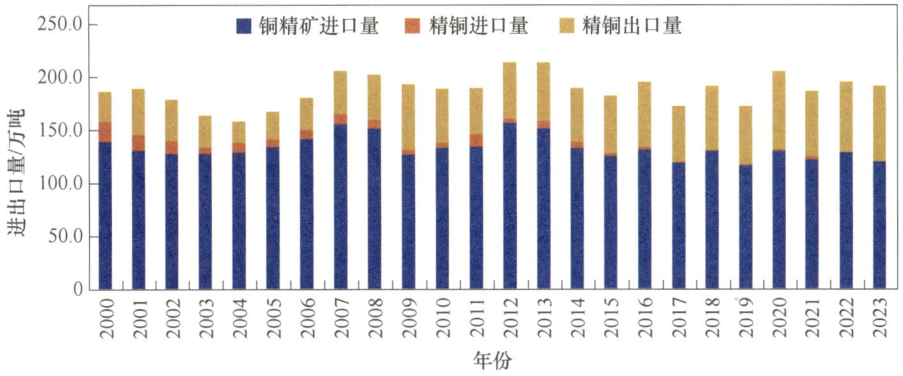

图4-20　2000—2023年日本铜精矿及精炼铜进出口变化图

（数据来源：ICSG、安泰科）

3. 铜供应链相关保障政策与举措

日本有系统高效的矿产资源管理机构　日本经济产业省是日本政府负责矿产资源的主管部门，具体负责矿产资源的有两个部门，即资源能源厅和独立行政法人日本石油天然气金属矿物资源机构（JOGMEC）。资源能源厅是日本的行政部门，主要负责制定能源与矿产资源稳定供应政策及节能与新能源政策。而JOGMEC则是全面负责矿产资源工作的主体，其使命是保障日本矿产资源安全稳定的供应。

JOGMEC 的管理职能有几个特点：第一，覆盖了油气、煤炭、地热、金属矿产等几乎所有矿产资源，这样便于统一管理；第二，既负责国内又负责国外的矿产资源相关工作；第三，负责地质调查、勘查、勘探、开发、生产、回收利用、储备等矿产资源整个产业链的相关工作。主要体现在以下方面。

（1）海外勘探与开发支持。JOGMEC 为日本企业在海外市场开展矿产资源勘探与开发提供资金支持、技术援助以及风险担保等。

（2）国际合作与资源外交。积极与各国政府及国际组织开展合作，通过签署合作协议、联合研究等方式，拓展日本的矿产资源供应渠道。如 2023 年与美国就清洁能源矿产达成协议，保障关键矿产贸易中日方的利益等。

（3）信息收集与分析。凭借其专业的地质勘探团队和先进的技术设备，在全球范围内收集矿产资源的相关信息，包括资源的储量、分布、开采难度等，为日本企业的投资决策提供依据。

（4）战略资源储备管理。负责管理和运营日本的石油、天然气、煤炭、地热等能源资源的战略储备，确保在紧急情况下国家能源供应的稳定性。

（5）技术研发与创新支持。投入大量资金用于矿产资源相关的技术研发，提高资源的勘探、开采和利用效率，降低对进口资源的依赖程度。比如在可燃冰开采技术方面，JOGMEC 主导了多项相关研究，并成功进行了试采，为未来可燃冰的商业化开采奠定了基础。

（6）人才培养与交流。通过接收来自资源国的研修生，为其提供油气开发技术的培训，培养了一批了解日本技术和管理模式的专业人才，这些人才回国后在当地的资源开发和管理中发挥作用，同时也增强了日本与资源国之间的合作关系。

日本有目标明确且可操作的矿产资源战略 日本高度重视制定矿产资源战略，而且在不同时期，针对不同的时代背景，会及时制定目标明确的矿产资源战略，并且会通过立法的形式，保障矿产资源战略的贯彻实施。近年来，日本进一步调整了能源战略和矿产资源战略，从海外资源获取、资源高效利用、资源回收利用和资源储备等方面制定了详细的战略，全方位保障日本矿产资源安全稳定地供应。

例如：日本经济产业省的《2030 年长期能源供需展望报告》制定了能源安全、经济与环保的发展战略，其中把安全供应作为重中之重，并制定了日本最优能源发展路线。

日本有系统高效的海外矿产资源开发利用机制 日本组织地质勘查与开发工作采用四阶段方式，即初期勘探（相当于地质调查）、精密勘探（相当于预查、普查、详查、勘探）、开发（矿山建设）、生产（矿山生产）。在这四个阶段中，政府通过JOGMEC，以不同方式分别给予投资、补助金、贷款、税收优惠，以经济手段推动和协调各阶段工作的开展。如海外地质调查由政府以委托费的形式全额拨款，完全由 JOGMEC 用日本政府的投资进行；海外联合地质调查由该机构与资源国联合进行，由日本政府提供部分资助，在找到了矿或圈定了远景区后，再由日本企业申请探矿权。具体实施部门是 JOGMEC 矿物资源课和地质调查综合中心。同时 JOGMEC 还负责对受助项目的实施过程进行指导监督，推进日本海外矿产资源勘查促进政策。

在矿山建设阶段，企业的投资规模大，JOGMEC 和所在国政府提供融资和债务担保，由日本国际协力银行（JBIC）出资，日本贸易保险（NEXI）提供海事保险和投资保险，通过这三个机构的通力合作，从根本上解决企业的资金风险问题。在矿山基础设施建设的过程中，JOGMEC 资金协力课会协调外务省和 JICA（日本国际协力机构）开展基础设施（电力、道路、港口、桥梁、上下水道、学校、医院）的调查评价以及贷款方案的编写。同时，外务省、经济产业省会同日本大使馆提供情报收集支持、协调所在国政府提供一定贷款、促进官民合作等帮助。

在基础设施建设方面，由 JOGMEC 资金协力课提供总协调，日本外务省提供所在国所有信息收集与协调帮助，由 JICA 会同日本财政省提供无偿日元资金信贷，在矿山投入生产后，根据项目发展的需要，JOGMEC 和所在国政府仍提供融资和债务担保，由日本 JBIC 出资，日本 NEXI 提供海事保险和投资保险。在该阶段，JOGMEC 矿物资源课仍要会同企业开展生产技术的各种评价工作。同时，外务省、JOGMEC 和 JICA 还要负责与所在国协调，开展地质调查、勘查合作和政策资料的收集，矿区周边情况调查与评价，所在国矿山环境政策与矿山环境评价等工作。

深度参与全球矿产资源开发　日本公司在海外投资的铜项目主要集中在南美洲和非洲地区，尤其是智利和秘鲁。全球较大的铜矿里，日本财阀参股 5 座，分别是日本财阀拥有智利埃斯孔迪达（Escondida）铜矿 12.5%权益，其中三菱公司拥有 8.25%的股份，日本新日铁矿业公司拥有 3%的股份，三菱材料公司拥有 1.25%的股份；拥有智利的科亚瓦西（Collahuasi）铜矿 12%权益，其中三井拥有 8.4%的股份，JX 控股公司拥有 3.6%的股份；美国的莫伦奇铜矿（Morenci）28%的股份属于住友子公司；秘鲁的安塔米纳铜矿（Antamina）10%的股份属于三菱公司；日本财阀拥有南非普拉特瑞夫（Platreef）多金属矿 10%的股份，参股公司有石油天然气、金属矿物资源机构（JOGMEC）和日挥株式会社（JGC Corporation）。

（四）金融主导型

金融主导型是指以金融体系为核心驱动力，通过金融资源配置、市场定价权掌控及金融工具创新，深度提升铜产业链的全球竞争力，同时增强国家在铜资源战略领域的金融话语权与风险对冲能力。美国是金融主导型的典型铜业强国，下面对该国做详细介绍。

美国长期以来一直是全球最大的经济体，其经济总量远超其他国家。2023 年美国的 GDP 达到了 27.37 万亿美元，同比增长 2.5%，长期位居全球第一。根据最新公布的数据，2024 年第一季度美国的 GDP 总量高达 7.07 万亿美元，这一数字不仅远超其他国家，还相当于印度、德国、日本、英国、法国、巴西、俄罗斯和意大利八大强国的经济总量之和，展现了其经济总量的持续增长和强大实力，见表 4-11。

从全球金融地位来看，美国的全球金融竞争力排名第一，显示出其在金融领域的显著国际竞争优势。从金融业竞争力、货币竞争力、金融科技竞争力和国际金融治理能力四个一级指标来看，美国均排名全球第一，仅在金融基础设施一项排名第五。这表明美国金融体系的整体实力非常强大。美元作为全球最主要的储备货币和国际交易货币，其国际地位是美国维护其全球金融竞争力的最强支撑力量。美元的广泛使用和高接受度使得美国在全球金融市场中具有极高的影响力和话语权。

美国同时也是全球自然资源最丰富的国家之一，主要包括石油、天然气、煤、铁、铜、铅、钼、钨、镍、金、银等。其中，石油、天然气和煤的储量均居世界前列。根据标普全球等机构的报告，美国的铜资源潜力超过 2.75 亿吨，资源足以满足可预见的未来美国的需求，美国堪称名副其实的矿产资源强国。美国 2023 年主要发展指标见表 4-11。

表 4-11　美国 2023 年主要发展指标

人口	3.36 亿人
人口密度	33.27 人/平方千米
国内生产总值	27.36 万亿美元
人均国内生产总值	8.54 万美元
精炼铜产量	88.09 万吨
精炼铜消费量	157 万吨
精炼铜人均消费	4.67 千克/人
主要矿物产品：矿石	铁、铜、铅、钼、钨、镍、金、银等
主要矿物产品：金属	铝、铅、铜、锌等
主要矿业公司	Newmont Goldcorp、Barrick Gold、Freeport-McMoRan、Rio Tinto（Kennecott Utah Copper）、KGHM International、Grupo México、Sibanye-Stillwater（Sibanye Gold）

数据来源：网络，数据截至 2023 年。

1. 铜矿资源

根据美国地质调查局（USGS）的数据，2023 年美国非燃料矿产生产的总价值为 1050 亿美元，比 2022 年的修订总额 1010 亿美元增长了 4%。金属矿产生产的估计价值为 354 亿美元。

美国铜资源储量约为 5000 万吨，占全球总储量的 5%，居全球第 6 位（见图 4-21）。尽管美国铜资源储量丰富，但其资源开发强度并不高，开采总量整体呈下降趋势。2023 年，美国铜精矿金属产量为 114 万吨，静态储采比（USGS 储量数据与 ICSG 产量数据之比）为 44 年，处于全球平均水平。这反映出美国更倾向于“储而不采”的策略。

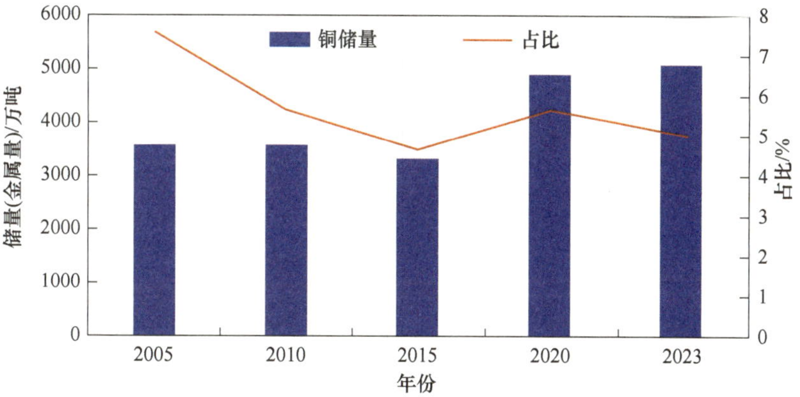

图 4-21　2005—2023 年美国铜资源储量变化图

（数据来源：USGS）

从资源特点来看，美国铜矿资源以低品位矿为主，但储量大、分布广。这种特点使得美国铜矿开采成本相对较高，但同时也为长期供应提供了保障。美国储量最大的铜矿是位于亚利桑那州的莫伦西矿（Morenci），估计储量为 32 亿吨矿石，品位为 0.16%。美国自由港麦克莫兰（Freeport-McMoRon）铜金矿公司是主要所有者，自 2016 年以来，住友集团已拥有该矿山 26%的权益。此外，佩布尔铜矿（Pebble）位于阿拉斯加州布里斯托湾，是全球尚未开发的十大铜矿之一，但由于环保争议和政策限制，目前尚未开发。

2. 铜矿开发与冶炼

2023 年，美国矿山生产的铜含量为 114 万吨，位居全球第 5，较 2022 年减少 11%（见图 4-22）。其中，亚利桑那州是主要的铜生产州，约占国内产量的 70%；美国著名的莫伦西矿（Morenci）位于亚利桑那州的格林利县（Greenlee County），是北美洲最大的铜矿，也是全球最大的湿法电铜生产矿山之一。该矿自 1872 年开始开发，于 1987 年正式投入湿法电铜生产，当时其阴极铜产能达到了 4.5 万吨/年，是同期美国同类矿山中规模最大的。近年来，莫伦西矿（Moreci）的年产量稳定在较高水平，对全球铜市场产生了重要影响。其他产铜州还包括密歇根州、密苏里州、蒙大拿州、内华达州、新墨西哥州和犹他州。

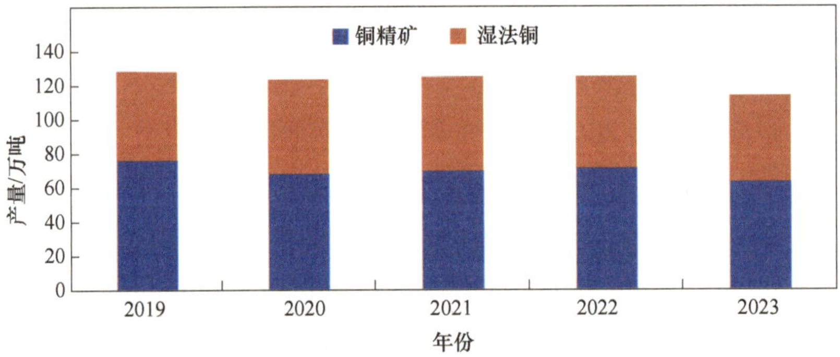

图 4-22　2019—2023 年美国主要铜矿产量变化图

（数据来源：USGS）

在铜冶炼方面，美国拥有 2 座粗铜冶炼厂（粗炼）、1 座再生冶炼厂（再生）、2 座电解精炼厂、14 座电积精炼厂和 3 座再生火法精炼厂（再生）进行回收或加工（见图 4-23）。精炼铜和废铜在约 30 家黄铜厂、14 家棒材厂以及 500 家铸造厂加工成铜材。

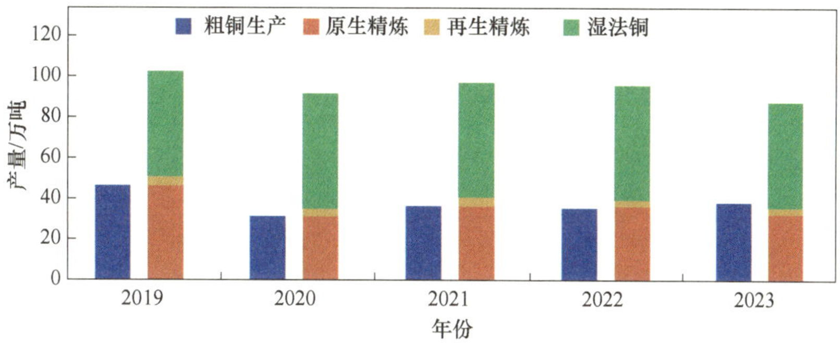

图 4-23　2019—2023 年美国铜冶炼产品产量变化图

（数据来源：ICSG）

根据 ICSG 统计数据，2023 年美国铜消费量为 157 万吨，同比下降 8.7%。其中，约 44%用于建筑，约 20%用于运输设备，约 19%用于电气材料，约 11%用于一般消费品，约 6%用于工业设备（见图 4-24）。

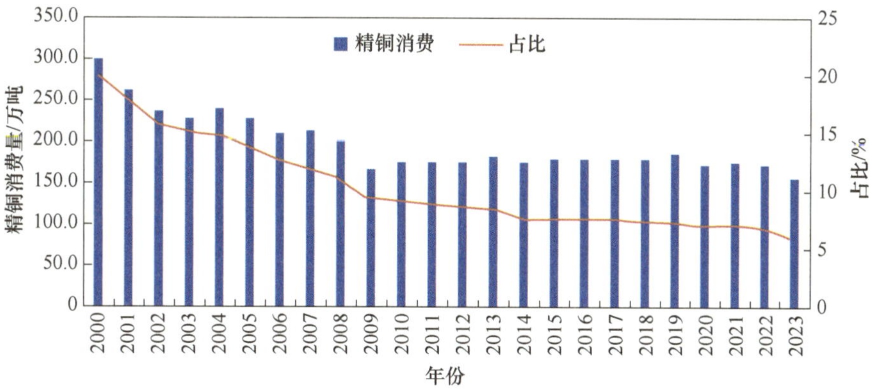

图 4-24　2000—2023 年美国精炼铜消费量及全球占比变化图

（数据来源：ICSG、安泰科）

3. 铜相关贸易

从相关统计数据看，美国铜矿自给率较高，冶炼和矿产产能高度匹配，2023年美国进口铜矿含铜量仅为0.33万吨，出口达33.8万吨，是铜矿净出口国。从进口国别看，铜矿进口主要来自周边国家，其中墨西哥占52%，加拿大占48%，其他国家占比小于1%（见图4-25）。

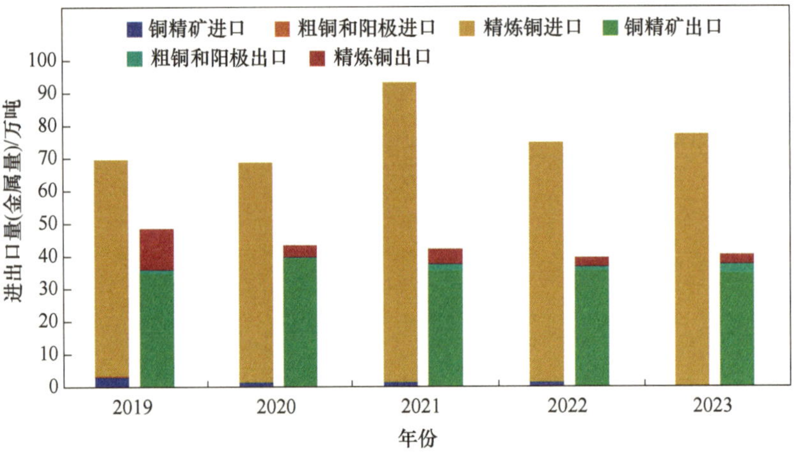

图4-25　2019—2023年美国铜产品进出口贸易变化图

（数据来源：WBMS）

冶炼产品贸易方面，2023年美国进口精炼铜77万吨，出口精炼铜3.3万吨，是净进口国。从进口国别看，主要来自智利、加拿大和墨西哥，分别占比64%、18%、11%，精炼铜产品对外依存度约46%（见图4-26）。

4. 主要矿业公司

根据USGS相关报告，目前美国约有7个州的24个矿山生产铜精矿，金属产能约为212万吨/年。其中，亚利桑那州（AZ）的产量最高，占国内产量的66%，其次是犹他州、内华达州、蒙

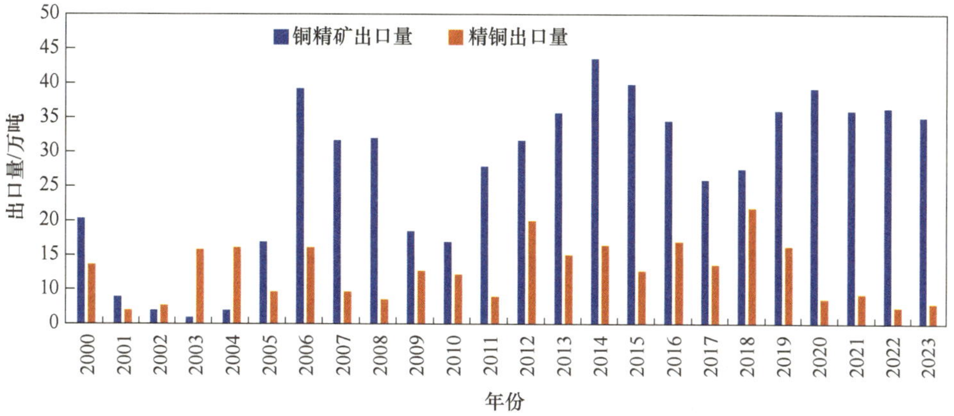

图 4-26　2000—2023 年美国精炼铜出口量变化图

（数据来源：ICSG、安泰科）

大拿州、密歇根州和密苏里州（按产量顺序排列）。生产规模最大的 15 个矿山占全国总产量的 99%以上，见表 4-12。

表 4-12　美国部分主要铜矿山情况

序号	矿山名称	运营商/所有者
1	莫伦西矿（Morenci）	自由港麦克莫兰公司（Freeport-McMoRan Inc.），住友商事株式会社附属公司
2	宾厄姆峡谷（Bingham Canyon）	力拓集团（Rio Tinto）
3	萨福德和孤星（Safford & Lone Star）	自由港麦克莫兰公司（Freeport-McMoRan Inc.）
4	圣丽塔 Chino（Santa Rita）	Freeport-McMoRan Copper & Gold Inc.
5	雷铜矿（Ray）	墨西哥集团（ASARCO Grupo Mexico）

数据来源：ICSG。

2023 年，美国精炼铜产量为 88.1 万吨，同比下降约 7.9%。美国铜冶炼企业数量较少，共有 4 个火法冶炼厂和 14 个湿法冶炼厂（SX-EW）进行生产，见表 4-13。

表 4-13　美国主要铜冶炼企业情况

序号	名　称	运营商/所有者	工艺
1	阿马里洛（Amarillo）	ASARCO（Grupo Mexico）	电解精炼
2	埃尔帕索 El Paso（Refinery）	Freeport-McMoRan Copper & Gold Inc.	电解精炼
3	莫伦西（Morenci）（SX-EW）	Freeport-McMoRan Inc.，住友商事株式会社附属公司（affiliates of Sumitomo Corporation）	电积精炼
4	Garfield	Kennecott（Rio Tinto）	电解精炼
5	Safford & Lone Star（SX-EW）	Freeport-McMoRan Copper & Gold Inc.	电积精炼

数据来源：ICSG。

从美国铜工业的角度来看，美国铜产业链条相对完整，矿山、冶炼、加工上下游之间匹配度高。然而，美国铜工业或者说矿业的强大，并不仅仅体现在其矿产资源禀赋优越、生产能力与消费能力强大，更重要的是体现在其对全球矿业的掌控力，主要表现如下。

一是通过金融、技术、军事、政治、规则等手段，对全球矿产资源进行掌控。20 世纪初，美国开始利用金融、技术、军事、政治、规则等手段，对全球矿产资源的占有、生产、贸易、价格、消费等全产业链进行操控，经营全球矿产资源。经过 100 多年的经营，美国矿产资源势力已经遍布全球。

二是通过美元地位巩固市场话语权。铜在有色金属产品中金融属性仅次于黄金，铜金属价格、市场的波动与全球经济及美元政策紧密相关。而美国拥有世界上最发达、最成熟的金融市场，包括股票市场、债券市场、外汇市场、期货市场等。这些市场不仅为美国国内的企业和投资者提供了丰富的融资和投资渠道，也吸引了全球范围内的资本流入。在金融机构方面，美国拥有众多世界知名的金融机构，如高盛、摩根大通、花旗银行等。

三是通过不断完善立法，强化对战略性“新兴矿产”的控制。2017 年，美国政府签署了《保障关键矿产安全可靠供应的联邦战略》行政令，强调保障美国关键矿产的稳定供给。2018 年，美国内政部发布《关键矿产清单》（2022 年修订），列出了美国对外依存度高且对美经济发展和国家安全至关重要的 35 种关键矿产。2019 年，美国商务部发布名为《确保关键矿产安全可靠供应的联邦战略》的报告。2019 年，美国通过《能源资源治理倡议（ERGI）》，2021 年通过了《关键矿产测绘倡议（CMMI）》，2022 年 6 月与加拿大等十余个国家和地区建立了“矿产安全伙伴关系”（MSP），旨在促进关键矿物的生产、加工和回收，保障对清洁能源和其他技术至关重要的关键矿产的供应。2023 年 3 月，美国和日本签署一项关于电动汽车电池矿物的贸易协议，对锂、钴、锰、镍和石墨这些具有重要战略意义的矿物不征收出口关税。此外，美国还与澳大利亚、加拿大、芬兰等国家签订互惠国防采购协议（RDP）、供应安全双边协议（SOSA），弥补美国关键材料供应链的缺口，促进供应链多样化。

二、全球铜业强国特征总结

本节提炼铜业强国的核心特征。从资源控制力、创新体系、产业生态、金融工具四个维度，总结强国对全球铜产业链的支配逻辑，指出“硬资源”与“软实力”的协同作用是其维持竞争优势的关键。

（一）矿产资源储备丰富

矿产资源储备丰富，多门类资源齐全是矿业强国的基础。世界矿业强国通常拥有种类繁多的自然资源，包括能源（如石油、天然气、煤炭）、矿产（如金属、非金属矿产）、水资源、森林资源、土地资源等，形成了协同可靠的资源保障体系。特别是储量大且品质高的铜矿资源，是支持铜工业发展的基本条件。世界上没有任何国家和地区能够脱离优质铜矿资源（包括对境外优质铜矿资源的掌控）建设铜工业强国。

（二）现代化经济体系完整

仅靠丰富的矿产资源储备还不足以建成铜工业强国。建设世界铜工业强国还需要完整的现代化经济体系作为支撑，特别是健全的制造业体系、法治化的要素市场、完善的生产性服务以及科学的经济管理体制和机制，都是建设世界铜工业强国不可或缺的重要保障。因此，创新成为产业发展的第一动力，推动产业结构全面优化，保持与资源环境的高度友好关系，持续增强产业的国际竞争力，实现与新兴产业和未来产业的深度融合，是世界铜工业强国的重要特征。

（三）科技实力强，创新能力突出

不断增强产业自主技术创新能力，形成全球铜工业前沿技术引领力和颠覆性技术创新力，是占领产业国际竞争高地、建设世界铜工业强国的核心。只有先进的铜资源开发技术，才能实现铜资源的高效、低成本开采和利用。只有通过不断创新研发，才能持续引领并满足新兴产业和未来产业对铜基新材料不断提出的新要求，为产业发展提供不竭的动力。自主技术创新能力是衡量世界各国铜工业发展水平的关键指标。

（四）国际影响力大，在全球市场中占据主导地位

世界铜工业强国能够在全球铜市场中占据主导地位，其国内铜工业运行状况、产业政策、市场变动等因素都会对国际铜市场产生重要影响。同时，其综合国力还能够在国际政治经济关系变化中发挥重要作用，在世界地缘政治冲突中扮演关键角色，并对国际事务的决策和走向形成重要影响。

综上所述，世界铜工业强国的特征集中体现在自然资源储备、现代化经济体系、自主科技创新能力以及国际影响力等方面，这些共同构成了世界铜工业强国的核心竞争力，使其在全球铜市场中占据主导地位。

第五章

中国铜工业高质量发展思路

面对“双碳”目标约束与全球供应链重构的双重挑战，中国铜工业亟须以高质量发展破局。本章提出“战略—路径—措施”三位一体的解决方案，为全球铜工业可持续发展贡献中国力量。

一、推进铜工业高质量发展的意义和面临的形势

本节锚定铜工业高质量发展的战略价值，从保障新能源产业链安全、破解“双碳”约束下的资源瓶颈出发，论证中国铜工业转型的必要性和破局的紧迫性。

（一）全面推进铜工业高质量发展的意义

1. 铜是社会经济发展和国家安全的基础保障

矿产资源是人类赖以生存和发展的重要物质基础，对国民经济和社会发展具有重要的支撑保障作用。

铜作为有色金属第二大品种，在推动中国经济发展和全面推进中国式现代化方面发挥着重要作用。铜不仅是基础设施建设的重要原材料，广泛应用于电力、建筑、交通、电子等传统产业领域，更是新一代信息技术、新能源、高端装备等新兴产业和人工智能、量子计算等未来产业发展不可或缺的关键支撑材料。目前约 70% 的铜用于生产电力设备和器材、仪器仪表、机床、汽车、专用机械等技术装备；现代信息产业发展的集成电路、电子元器件、接插件等基础件也需要铜材料保障；维护国家安全也需要足够的铜材料支撑。在全球能源转型的大背景下，铜更是能源转型关键材料，在清洁技术领域有着不可替代

的作用。根据世界能源署预测，铜在清洁技术领域的需求占比将由 2023 年的 24.41%上升至 2030 年的 38.55%，需求量达到 1200 万吨（见图 5-1）。

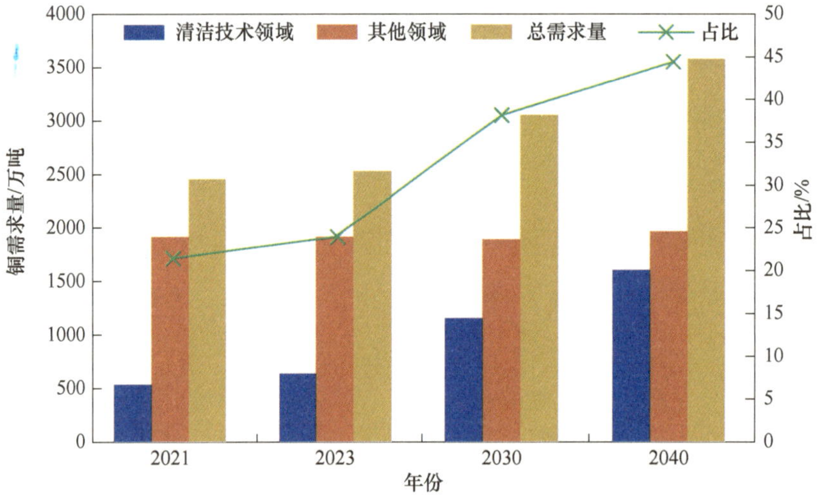

图 5-1　铜在清洁技术领域需求变化图

（数据来源：世界能源署）

当前中国经济发展处于由高速增长向高质量发展转变的新阶段，全球最大的制造业体量和巨大的人口基数对铜的需求还会攀升，且在相当长的一段时期内维持高位。在新的发展时期，中国抢抓新一轮科技革命和产业变革机遇，通过发展新兴产业、未来产业和改造提升传统产业，加快培育和发展新质生产力，这就要求中国铜工业按照建设中国式现代化产业体系的战略方针，做强、做优、做精，向铜工业的高端迈进，建设世界强国。

党的二十大报告提出，从现在起，中国共产党的中心任务是团结带领全国各族人民全面建成社会主义现代化强国、实现第二个百年奋斗目标，以中国式现代化全面推进中华民族伟大复兴。党的二十届三中全会强调，要“健全提升产业链供应链韧性和安全水平制度"，这是应对当前复杂国际环境和国内经济转型背景下，确保产业链供应链稳定、安全、可控的重要举措。所以要求中国铜工业统筹当前和今后一个时期的全球供给与需求，持续、稳定、及时和经济地获得足量的铜资源，确保铜资源在关键时刻"找得到""采得出""用得上""运得回"，成为中国如期实现全面建成社会主义现代化强国目标的重要基础。

2. 铜工业是建设现代化产业体系的重要环节

铜是基础的生产资料，是推动人类生产力水平提升、科技革命、产业变革的关键要素和源头资源。从公元前 2000 年的青铜器，到 18 世纪 60 年代以机器代替手工工具为代表的第一次工业革命，再到以电力的广泛应用为标志第二次工业革命，以及以信息技术革命为标志的第三次工业革命，直至数字化、网络化、智能化为核心特征的新时代，每一次文明和科技的进步，都与铜工业的发展息息相关。

工业文明以来，铜金属战略地位愈加凸显。第一次工业革命中，蒸汽机的实际应用大幅带动了采矿业发展，之后冶炼技术也在英国发展起来，英国在 18 世纪成为全球铜冶炼中心，也成为全球工业强国。第二次工业革命开始，人类进入了"电气时代"，美国制造业和采矿业总产值在国民经济总产值中的比重达到 52%，首次超过农业，具有优良导电特性的铜，在电力和建筑领域得到快速应用，推动了工业革命的加速演化，1883 年美国首次成为世界第一的铜生产国，自此走上全球工业强国之路。

当前，人类正处于以智能化技术为核心驱动力，通过多种新兴技术的深度融合，推动生产、生活和社会运行方式系统性变革的第四次工业革命。主要以人工智能（AI）、物联网（IOT）、大数据、量子计算、基因、新材料和新能源等技术的突破为标志，实现从生产到服务的全面智能化。不同于前三次工业革命以单一技术为主导（如蒸汽机、电力、计算机），第四次工业革命是多种技术的高度融合，包括信息技术、生物技术、材料科学的交叉渗透，形成“技术系统”的协同效应。而这些领域都需要高性能的材料作为支撑，铜作为众多核心领域的关键材料，铜工业势必会成为建设现代化产业体系的重要环节。

3. 战略性铜矿产供应安全成为大国博弈焦点和重点

当今世界正在经历百年未有之大变局，国际形势继续发生深刻复杂变化，经济全球化遭遇逆流，地缘政治风险加剧，大国博弈日趋激烈，世界进入新的动荡变革期。战略性矿产资源对保障国家经济安全和国防安全至关重要，是国家安全体系和能力的重要组成部分，已经成为大国博弈的战略焦点。

党的二十大报告明确提出，推进国家安全体系和能力现代化，要健全国家安全体系，完善重点领域安全保障体系，增强维护国家安全能力，加强重点领域安全能力建设。资源安全是国家安全体系的重要组成部分和重要“基石”，必须强化矿产资源安全保障体系和安全能力建设，夯实资源产业发展基础，增强产业链供应链的安全水平和自主可控能力，在这场生死攸关的大国博弈中掌握战略主动、立于不败之地。

（二）中国铜工业高质量发展面临的形势

1. 中国对铜的需求仍将维持高位，但对材料性能要求凸显

铜是中国紧缺的战略资源，是保障国民经济平稳健康发展

的基础原料。随着新兴产业和未来产业发展，今后一段时期内，中国对铜的需求仍将维持高位。尤其是新兴产业、未来产业对铜需求的增加，将填补传统产业需求下降出现的空缺，成为拉动消费的主要动能。

新兴产业、未来产业具有科技含量高、市场潜力大、带动能力强等特征，对矿产资源的需求拉动往往是爆发式的，增长迅猛。特别是新能源、新一代信息技术等新兴产业，以及生物制造、商业航天、低空经济的蓬勃发展，都需要铜作为电导体为其提供驱动力，这将带动包括铜在内的矿产需求保持增长态势。

新一代信息技术的发展对铜材料的性能不断提出新的要求，成为推动铜材料技术创新的动力源泉。尤其人工智能、数据中心等算力新兴产业的发展，对材料的技术性能要求不断提高，只有持续研发高导、高强、高韧、高耐腐蚀铜合金新材料，才能满足新一代信息产品集成化、功能化、微型化、可靠性的要求。因此，新兴产业和未来产业的发展，对铜不仅有量的需求，更有质的需要。

2. 全球对关键矿产铜的关注度不断提升，资源供应形势严峻

在全球地缘政治冲突和产业链供应链重构的背景下，各国加大对铜等战略性矿产资源的争夺力度。发达国家不断出台矿产资源战略以加强对全球产业链、供应链的控制；资源富集国则通过矿业政策强化本土权益。例如，美国通过扩大本土供给、加强盟友合作等方式构建“排他性”的矿产资源供应链体系；欧盟更加注重资源供给的多元化，提高关键矿产的战略自主可控能力。其中，在最新实施的《欧盟关键矿产法案》（*Critical*

Raw Materials Act，CRMA）中提到，到 2030 年，欧盟计划每年至少有 10% 的关键原材料来自本地开采，40% 在欧盟加工，25%来自回收材料。日本则通过强化外交和金融等手段持续推进境外资源开发，并在本土完善各种储备和再生利用体系。而资源所在国，如智利、印尼、刚果（金）等国家先后通过立法推动铜等矿产资源的国有化，强化资源管控，提高资源获取门槛。这些措施加大了中国在资源获取方面的难度及合作成本。

3. 绿色低碳发展是全球铜工业需要共同面对的问题

尽管全球铜工业在绿色低碳发展方面取得了显著成绩，但仍面临一些突出问题。

（1）能源消耗与碳排放压力较大。虽然铜冶炼综合能耗逐年下降，但整体仍受传统火法炼铜工艺的制约，在个别生产环节仍需使用天然气、焦炭和煤，特别是在冶炼和精炼过程中涉及大量燃料和电能消耗。因此，在缺乏重大技术突破的情况下，难以大幅降低单位产品能耗强度。此外，绿色低碳技术发展的短板在于基础研究周期长、见效慢，资金投入主要集中在技术完善和技术示范上，前沿引领性和颠覆性技术研发仍需国家政策和资金支持。

（2）环保压力及废物处理与资源化利用要求日益严格。铜冶炼过程中会产生大量含砷、汞等危险废物，尽管当前铜冶炼工艺技术已取得突破，砷、汞基本能够实现回收利用，但随着总量不断增加，处置数量和消化难度也在提升。同时，随着环保标准逐步提高，重点区域大气、水污染物执行特别排放标准，这对铜工业的生产过程提出了更严格的环保要求，特别是超低排放已逐步成为铜冶炼企业的标配。

（3）绿色制造和智能制造水平仍有提升空间。中国铜资源复杂，多元素共生且原料品质波动大，铜企业在资源、能源、环境方面存在制约，部分高技术领域高端产品的性能稳定性和一致性有待提高，铜产业链绿色制造和智能制造水平亟待进一步提升。随着工业互联网、大数据、云计算、人工智能等前沿技术的发展，绿色制造和智能制造已成为制造业发展的共同主题，是提升制造业核心竞争力的必然途径。

二、中国铜工业高质量发展实施路径

中国是世界最大的铜生产、消费和进出口贸易国，预计未来十年这种状态也不会改变。因此，通过培育和发展新质生产力，依靠技术创新和要素聚集，采用智能技术、绿色技术进行改造提升，在不断转化和演进中提升产业链、供应链的韧性和安全水平，优化产业运行的经济效益，是今后一个时期中国铜工业实现高质量发展的根本路径。本节规划中国铜工业高质量发展路线图，提出了“统筹谋划，科学发展”“深化改革，提升效益”“底线思维，安全发展”“清洁低碳，绿色发展”的四大原则，并设定了“三步走”的发展目标，为相关产业政策制定提供理论依据。

（一）实现中国铜工业高质量发展的思路

实现中国铜工业高质量发展的总体思路是一个多维度、系统性的战略，聚焦创新驱动、产业升级、资源保障、绿色发展等方面的新突破，必将能够促进产业挖掘新潜力，迈上新台阶，形成新势能，打造新形态，产生新效益。

1. 创新驱动发展

在新的历史时期，中国铜工业将坚定不移地走“创新驱动，内生增长”的高质量发展道路。一方面，围绕新能源、高端装备制造、新一代信息技术等战略性新兴产业需求，加大高强高导铜合金、超薄铜箔、纳米铜基复合材料等前沿新材料的研发投入，抢占未来竞争制高点；另一方面，以数字化、智能化为核心驱动，推动铜工业全产业链与新一代信息技术深度融合，通过矿山智能开采、冶炼过程动态优化、加工数字化孪生等颠覆性技术突破行业关键瓶颈，构建“资源—生产—应用”全生命周期数字化闭环，实现产业效率与价值的革命性提升。例如，通过“5G+物联网”技术实现深部资源三维勘探、无人化开采和远程操控，结合 AI 算法优化采选方案，不仅可显著提升资源综合利用率，还能大幅降低安全事故率。尤其是要强化科技创新平台建设，建设和完善国家级、省级创新平台，打造铜工业智能装备联合实验室，依托数字技术打造铜工业与新能源、储能等下游产业协同设计平台，开发铜基复合材料等跨界融合产品，为创新驱动产业发展提供有力支撑。

2. 产业协同发展

中国铜工业要统筹全球产业发展，坚定不移地深化供给侧结构性改革，积极推进产品结构、布局结构、资本结构、企业组织结构、上下游和左右岸结构的优化，全面提升产业的经济效益和市场竞争力。通过优化调整产品结构和布局结构，实现要素资源的高效利用，改变高投入、低产出的局面。要把加强产业链供应链协同放在重要位置，一方面促进铜开采、冶炼、加工、应用等产业链上下游企业的紧密合作，实现协同发展；另一方面以拓展铜应用为重点，加强与左右岸行业的协同，努力开辟铜应用的新天地。

3. 资源安全保障

稳定的资源供应是铜工业实现高质量发展的基础。从维护产业链供应链安全的高度出发，有序统筹国内外铜矿资源开发，对中国铜工业的持续发展至关重要。借助新一轮找矿突破战略行动，推进国内铜矿资源的勘探和开发，提高资源自给率。在确保安全的前提下，拓展海外铜矿资源渠道，保障资源供应的稳定性。积极利用国内外二次资源，完善国内集回收、分拣、集散为一体的废杂铜回收体系和标准体系。

4. 绿色低碳发展

实现绿色发展是铜工业立足新发展阶段、贯彻新发展理念、构建新发展格局、推动产业高质量发展的核心。一是推进绿色矿山建设：加强矿山生态环境保护，实施绿色开采和生态修复，实现矿产资源开发与生态环境保护的和谐共生。二是发展循环经济：推动铜冶炼废渣、废水等废弃物的资源化利用，提高资源利用效率。三是加强节能减排：推广先进节能技术和设备，降低能源消耗和污染物排放，实现清洁生产。

（二）中国铜工业高质量发展的基本原则

（1）统筹谋划，科学发展。

（2）深化改革，优质发展。

（3）底线思维，安全发展。

（4）清洁低碳，绿色发展。

（三）中国铜工业“三步走”发展目标

1. 2027 年发展目标

（1）自主资源保障能力进一步增强。

（2）产业发展的韧性和安全性进一步提升。

（3）初步构建绿色低碳的产业发展体系。

（4）运行效率稳步提高。

2. 2030 年发展目标

（1）在世界铜工业中的地位进一步巩固。

（2）绿色低碳发展取得显著成效。

（3）自主科技创新能力进一步增强。

3. 2035 年发展目标

全面进入世界铜工业发展的新阶段。基本形成产业链、供应链安全可靠、关键核心技术自主可控、应对风险能力强、经济效益好的发展格局。

（四）五大战略措施

按照《中共中央关于进一步全面深化改革、推进中国式现代化的决定》要求，中国铜工业将在构建高水平社会主义市场经济体制、健全推动经济高质量发展的体制机制、构建支持全面创新的体制机制、健全宏观经济治理体系等方面发力，通过培育和发展新质生产力，实现产业的高质量发展。重点是做好转变产业发展模式、坚持创新驱动发展、强化资源供应保障、推进绿色低碳改造、促进产业结构优化等五项工作。

1. 转变产业发展模式

中国经济发展已经从高速增长阶段转入高质量发展阶段，铜工业发展模式将由过去的产能扩张方式向产业链供应链各环节的协调均衡发展方式转变。未来深化供给侧结构性改革，加快转型升级，提升经济效益，成为产业发展的重要任务。

（1）全面提升产业运行的经济效益。经济效益是检验产业发展质量的重要标志。2023 年，国内规模以上铜冶炼企业的营业收入利润率为 2.92%，与全国规模以上工业 5.76%的平均水平存在明显差距；规模以上铜加工企业的资产利润率为 3.92%，也低于全国规模以上工业 4.59%的平均水平。因此，提升产业盈利能力，是中国铜工业实现高质量发展的当务之急。

（2）推进数字化智能化转型。以数字矿山、智能工厂建设为核心，促进铜工业与数字经济的深度融合。特别是高原地区的铜矿基地建设，要充分利用新一代信息技术，创建采用无人化新技术、新装备智慧矿山，大幅提升生产效率和安全生产水平。铜冶炼、加工领域要深入推进数字化车间、智能工厂建设，提升智能制造关键技术装备的集成应用水平。

（3）促进铜冶炼健康发展。推动铜冶炼发展由产能规模扩张向质量效益提升转变，坚决遏制盲目无序发展。严格落实产业、环保、能效、安全等相关政策要求，倡导诚信经营，坚持公平竞争，维护市场正常秩序。

2. 坚持创新驱动发展

发展新质生产力的核心就是紧跟世界新技术革命和产业变革浪潮，走创新驱动的经济发展道路。铜工业作为传统产业，走创新驱动发展道路，一方面要聚焦新兴产业、未来产业发展需要，研发支撑人类文明进步的先进新材料；另一方面要利用新技术革命成果，改造提升传统生产工艺、生产模式和生产形态，提高要素效率，降低物质消耗，保护生态环境，促进产业的高质量发展。

（1）完善产业创新体系。支持企业与下游客户联合开展新材料生产应用示范、测试评价等工作，协同推进产品设计、研制生产、系统验证及批量应用。

（2）鼓励企业自主技术创新。重视科技人才的培养与引进，培育一批高水平创新团队。鼓励企业开展更为广泛的国际技术合作，联合开展新材料技术创新研究。

（3）加快关键技术攻关与应用。聚焦国防建设、民生短板、进口替代等重大需求，加强新材料技术研发，支持铜材生产及下游应用企业联合科研单位，围绕关键技术短板、关键材料、关键领域应用等开展科技攻关。

3. 强化资源供应保障

（1）增强国内资源保障能力。扎实推进新一轮找矿突破战略行动，加强国内重点成矿区带内铜矿资源调查与勘查，引导企业积极投入开展铜矿勘查，新增一批可供开发的铜矿资源储量。积极开展现有矿山深部及边部找矿，延长矿山服务年限。新建一批大中型铜矿山，持续提升铜矿开发利用和安全生产水平。

促进节约利用，提高铜矿资源开采“三率”水平。鼓励铜矿山贫富兼采，推广新型选矿工艺、新型药剂及新型技术装备，推进低品位铜矿及尾矿综合利用。加大铜矿中伴生金属资源评价，加强伴生资源利用，提高资源开采回采率、选矿回收率和综合利用率，实现铜矿资源的全元素高效利用。

（2）拓展海外资源开发利用。支持国内铜冶炼工艺、技术、装备“走出去”，适应资源国“本土化”需求。加速培育和壮大具有全球竞争力的铜原料贸易企业，增强铜矿原料供应韧性。

（3）加强铜二次资源利用。支持优势企业建立大型废铜回收基地和产业集聚区，推进废铜回收、拆解、加工、分类、配送一体化发展，鼓励矿铜冶炼企业加强废铜资源回收利用。加强废铜多元化回收，提升废铜拆解装备技术水平，提高对废铜的分级分类管理能力。加强铜尾矿和冶炼渣的减量化、资源化、无害化处置。鼓励有条件的地区推进铜冶炼、化工等产业耦合发展，实现产业循环衔接。

4. 推进绿色低碳改造

按照建设生态文明体制的要求，进一步推进铜工业的降碳、减污、扩绿、增长，积极应对气候变化，完善落实“绿水青山就是金山银山”理念的体制机制，利用先进制造工艺和技术装备，推进产业的绿色低碳改造。

（1）全面贯彻绿色低碳发展理念。把全面贯彻绿色低碳发展理念放在产业发展的首要位置，严守国家生态保护法律法规，遵守生态保护红线管理制度，落实自然资源使用的刚性约束，推进铜工业的绿色低碳发展。积极利用国家在绿色低碳发展方面的财税、金融、投资、价格优惠政策和标准体系，加快铜工业的绿色低碳改造。

（2）加快节能降碳改造。利用先进制造工艺和技术装备，全面推进节能降碳改造升级，对能效低于行业基准水平的存量项目，有序开展节能降碳技术改造，提高生产运行能效。研究将温室气体管控纳入环境影响评价管理，发挥减污降碳协同效应。提高可再生能源使用比例，支持企业利用余热发电。建设一批企业能源系统优化控制中心，实现能源合理调度、梯级利用，减少能源浪费。

（3）推动污染深度治理。加强铜冶炼行业大气污染深度治理，树立一批达到环保绩效 A 级水平的标杆企业。推进绿色运输，打造绿色供应链。加强铜冶炼领域重金属污染治理，无害化处理含砷冶炼渣等固体废物，推进水资源循环利用。引导企业和园区加强环保绩效管理，建设绿色工厂和绿色园区。加强矿山生态修复，建设绿色矿山。

5. 促进产业结构优化

不断促进产业结构优化，是实现高质量发展的重要保障。当前和今后一个时期，中国铜工业需要重点做好布局结构、企业组织结构和资本结构的优化。

（1）加快产业布局优化。鼓励铜冶炼与化工、建材等产业耦合发展，实现副产硫等就地转化。支持培育铜精深加工产业先进制造业集群。

（2）稳步推进兼并重组。鼓励冶炼领域的龙头企业开展兼并重组，进一步提高冶炼产能集中度，提升冶炼企业发展质量和效益水平。

（3）积极推动资本结构优化。企业的资本结构对产业运行的经济效益有重要影响，也是内生增长能力的重要体现。2023年，中国规模以上铜冶炼企业资产负债率为 64.54%，铜加工企业资产负债率为65.11%，均高于全国规模以上工业57.1%的平均水平。因此，积极推动资本结构优化，降低债务融资比例，是中国铜工业增强自我发展能力、防范系统性风险、实现高质量发展的重要任务。

参考文献

[1] 赵宏军，卢民杰，邱瑞照，等．浅谈安第斯成矿带铜矿时空分布规律［C］//中国地球科学联合学术年会，2014.

[2] 王容芬．波兰卢宾—格沃古夫砂页岩型铜矿床研究进展［J］．社会学研究，1989（2）：9.

[3] 陈立华．浅述铜冶炼技术发展方向及趋势［J］．有色矿冶，2010，26（5）：24-25.

[4] 曹向辉．浅论近几年我国铜冶炼厂的发展［J］．有色设备，2019（5）：1-3.

[5] 涂建华，罗铜．"双闪"铜冶炼工艺技术的发展［J］．有色金属（冶炼部分），2022（3）：1-9.

[6] 孙晓峰．双底吹连续炼铜技术的应用与发展［J］．有色设备，2020，34（6）：5-8.

[7] 李建辉，葛晓鸣，柳庆康．富氧侧吹熔炼-多枪顶吹连续吹炼-火法阳极精炼热态三连炉连续炼铜技术的开发、工业化应用及发展方向［J］．有色设备，2021，35（3）：64-67.

[8] 谢昊，李鑫．国内外铜湿法冶金技术现状及应用［J］．中国有色冶金，2015，44（6）：15-20.

[9] 唐菊兴，王勤，杨欢欢，等．西藏斑岩-矽卡岩-浅成低温热液铜多金属矿成矿作用、勘查方向与资源潜力［J］．地球学报，2017，38（5）：571-613.

[10] 高荣，陈习堂，徐洪傲，等．铜冶炼企业智能化发展概述［J］．有色金属（冶炼部分），2023，（6）：138-143.

[11] 何金祥．澳大利亚的铜矿工业［J］．国土资源情报，2010（2）：30-34.

[12] 乐颂光，鲁君乐，何静．再生有色金属生产［M］．长沙：中南大学出版社，2006.

[13] 赵国权，贺家齐，王碧文，等．铜回收、再生与加工技术［M］. 北京：化学工业出版社，2006.

[14] 姚素平．我国废杂铜冶炼技术进步与展望［J］. 有色金属工程，2011，1（3）：14-17.